Elogi[...]

Dios en las Redes Sociales

"He aprendido a valorar un libro no por cuánto llena mi cabeza, sino por cómo acelera mi corazón. *Dios en las Redes Sociales* ha dado en la diana, convirtiendo las palabras en certeros disparos que llegan al corazón, inundándolo de vida. Sarinette Caraballo aborda en este libro un tema de máxima actualidad, y lo hace con un lenguaje fresco, directo y desafiante. El libro es trascendente, porque tiene aroma de cielo, y a la vez es relevante, porque nos hace pisar la tierra con firmeza. Puedo asegurarte que surgirás de esta lectura habiendo crecido".

- JOSÉ LUIS NAVAJO
Pastor, conferencista y escritor madrileño. Autor de más de dieciocho libros, muchos de ellos, éxitos de ventas, entre ellos: *Lunes con mi Viejo Pastor* y *El Contador de Historias*

"Con este libro, Sarinette nos lleva en un viaje íntimo a través de su vida y nos acerca a la realidad del Dios en quien cree, a quien da gloria y a quien sirve. Todo el tiempo me sentí en primera fila viviendo con ella, creyendo con ella, aprendiendo con ella. Sarinette nos hace un llamado sin miedo, directo, a repensar nuestro caminar y a creer por encima de los pronósticos, de los prejuicios y la religiosidad. He sido bendecida de haber vivido algunas de estas historias con ella y las transmite con la misma fe y convicción del momento en que las enfrentó. Refrescante. Íntimo. Real".

- OLGA RAMOS CARRASQUILLO, Esq.
Presidenta de *Boys & Girls Club de Puerto Rico*

"Recomiendo este libro, que surge de la pasión, experiencia y llamado de su autora. Una pasión por la tecnología, que se ha convertido ahora en su llamado y en su forma de compartir el Evangelio a través de los medios de comunicación. Siendo que las redes sociales fueron creadas para construir relaciones, ¿qué mejor oportunidad para convertirlas en un vehículo natural, mediante el cual compartamos el poderoso Evangelio de Jesucristo con el mundo?".

- DR. JUAN GONZÁLEZ FERRER
Pastor, Director del *Seminario Internacional Ministerial*

"Es evidente que el Señor Dios le ha dado sabiduría, los talentos y el método perfecto a Sarinette para llevar su Palabra. *Dios en las Redes Sociales* te dejará mesmerizado y anclado en la lectura. Saldrás bendecido, edificado y con herramientas simples para evaluar tus prácticas en las redes sociales".

- SHERRY CUADRADO OYOLA
Blogger en *Promise Unrevealed*

"Las religiones llegaron al mundo para separar al hombre de Dios. Las redes sociales llegaron para eliminar límites territoriales. Este libro pone en perspectiva que de la misma forma, las redes sociales son un instrumento para eliminar las barreras impuestas por las religiones, pero que ningún instrumento funciona sin un operador. ¿Eres tú ese operador que Dios busca? Porque, al final del día, estamos llamados a amar y servir. Estoy segura que la respuesta que buscas para tu vida y tu relación con Dios, la encontrarás en este libro".

- BRENDALIZ ROLDÁN OSORIO
CEO de *SEPROMS-PR*

"*Dios en las Redes Sociales* nos regala un revelador mensaje para el tiempo actual. Cada página nos demuestra cómo Dios ya ha puesto en nosotros el conocimiento y las herramientas necesarias para cumplir con la Gran Comisión, a la que todos hemos sido llamados: "Por tanto, id, y haced discípulos a todas las naciones". Sarinette explica, en un lenguaje fresco y libre de religiosidad, su inspiradora historia y nos demuestra cómo ¡Dios ya tiene redes sociales! Me emociona el futuro de todo aquel que lea este libro, ya que sin duda cambiará su perspectiva, le inspirará y le ayudará a caminar en su propósito #PLGDD (Para la Gloria de Dios)".

> \- RUTH LEYSA SANTIAGO
> CEO - *Viva La Chica! LLC*

"Leer este libro me hizo imaginarme viendo una película de *Hollywood*, con un mensaje evangelístico y salvífico dónde fui cautivado de principio a fin. Sé que *Dios en las Redes Sociales* será de gran impacto a todo lector".

> \- ANTONIO FLORIDO CAMACHO
> Pastor general de *Casa de Avivamiento Shalom*, Capellán,
> CEO de *Anan Media Productions*

"Dios en las Redes Sociales contiene un testimonio poderoso que demuestra cómo Dios, no solo encuentra cupo en nuestros corazones, sino que transforma nuestro ser en uno, conforme al fruto del Espíritu. En este libro, Sarinette, con un lenguaje simple y divertido, descompone el fruto del Espíritu, y con interrogantes y respuestas, nos lleva a entender cómo éste debería verse reflejado en una actividad tan rutinaria y simplista como nos pueden parecer las redes sociales".

> \- KATHERINE CUEVAS NIEVES
> *Juris Doctor*

"Es excelente cómo Sarinette expone con tanta claridad su impresionante testimonio, respaldado con la Palabra de Dios. Lleva al lector a reflexionar y dejar que Dios lo transforme para vivir, hablar, comunicar y reflejar su amor, especialmente a través de las redes sociales, que cada día alcanzan a más personas. El contenido es una buena herramienta de enseñanza para la iglesia, que se podría ofrecer en los discipulados de nuevos creyentes."

- DORIS HALL
Microbióloga Retirada

Dios en las REDES SOCIALES

#SOYLAEVIDENCIA

Daniela,
Que al leerlo
puedas conocer mas
a Dios.
con amor,
Sarinette.

SARINETTE CARABALLO PACHECO

ask

Las citas bíblicas se tomaron de las siguientes versiones:

DHH: Las citas bíblicas señaladas con DHH se tomaron de Dios Habla Hoy®, tercera edición. © Sociedades Bíblicas Unidas 1966, 1970, 1979, 1983, 1994. Dios Habla Hoy® es una marca registrada de Sociedades Bíblicas Unidas y puede ser usada solo bajo licencia.

TLA: Las citas bíblicas señaladas con TLA se tomaron del texto bíblico: Traducción en Lenguaje Actual® ©Sociedades Bíblicas Unidas, 2002, 2004. Traducción en Lenguaje Actual® es una marca de Sociedades Bíblicas Unidas y puede ser usada solo bajo licencia.

NTV: El texto bíblico indicado con NTV ha sido tomado de la Santa Biblia, Nueva Traducción Viviente, © Tyndale House Foundation 2008, 2009, 2010. Usado con permiso de Tyndale House Publishers, Inc., 351 Executive Dr., Carol Stream, IL 60188, Estados Unidos de América. Todos los derechos reservados.

RV-60: El texto bíblico indicado con RV-60 ha sido tomado de la versión Reina Valera© 1960 Sociedades Bíblicas en América Latina; © renovado 1988 Sociedades Bíblicas Unidas. Utilizado con permiso. Reina Valera 1960® es una marca registrada de las Sociedades Bíblicas Unidas, y puede ser usada solamente bajo licencia.

Nota de la autora: Todas las historias narradas en este libro son relatos basados en vivencias reales y propias. Cualquier similitud con situaciones ocurridas en la vida de otras personas es pura coincidencia.

Nota de la editora: Aunque la autora procuró proveer páginas en internet correctas al momento de la publicación de este libro, no se responsabiliza por errores o cambios que puedan ocurrir en las mismas, luego de haberse publicado. Las negrillas y porciones subrayadas en el texto son énfasis de la autora.

Edición: Gisella Herazo de *Agencia Arte y Expresión*
Edición de Emojis: Sarydeliz Feliciano
Diseño de Cubierta: Marcos López – Ayala de *Delimar Designs*
Ilustración interna: Marcos López – Ayala de *Delimar Designs*

Fotografías de Cubierta: *Frances Rivera Photographs*
Vestuario: *D'occasion Boutique*
Peinado: Emeline Díaz de *Styles by E*
Maquillaje: Erika Morales *Make Up Artist*
Accesorios: *Wa Beautique* & *ZoryCo*
Localización: *Casa Febus – Home Design,* Bayamón, Puerto Rico

© 2019 por Sarinette Caraballo Pacheco
Autopublicado en Bentonville, Arkansas, Estados Unidos de América, por *ASK Leadership Team LLC.* info@asklteam.com www.asklteam.com

ISBN: 978-0-578-46812-9
Ebook ISBN: 978-0-578-49869-0
Categoría: Vida Cristiana / Crecimiento Espiritual / Inspiración

Impreso en China

Dedicatoria

A mi amado esposo Carlos 😃

Doy gracias a Dios por tu vida y por todo lo que has hecho por mí y por nosotros. Gracias por elegirme a pesar de mis errores pasados. Gracias por perdonar mis errores presentes y gracias por guiarme por este caminar que lleva a la Verdad y la Vida. Eres mi oración contestada y bendición del cielo.

A mis hijas Krysiarys y Sarydeliz 👧👧👧

Estoy feliz de saber que llegaremos a la eternidad, para juntas jugar y danzar con Alanis 🌷. Siempre tengan a Dios en primer lugar, porque si lo aman y obedecen de corazón, todo obrará para bien. Son mi orgullo y mi bendición.

Contenido

"En cambio, la clase de fruto que el Espíritu Santo produce en nuestra vida es: *amor*..."
Gálatas 5:22 NTV

"En cambio, la clase de fruto que el Espíritu Santo produce en nuestra vida es: amor, *alegría*..."
Gálatas 5:22 NTV

"En cambio, la clase de fruto que el Espíritu Santo produce en nuestra vida es: amor, alegría, *paz*..."
Gálatas 5:22 NTV

"En cambio, la clase de fruto que el Espíritu Santo produce en nuestra vida es: amor, alegría, paz, *paciencia*..."
Gálatas 5:22 NTV

"En cambio, la clase de fruto que el Espíritu Santo produce en nuestra vida es: amor, alegría, paz, paciencia, *gentileza*..."
Gálatas 5:22 NTV

"En cambio, la clase de fruto que el Espíritu Santo produce en nuestra vida es: amor, alegría, paz, paciencia, gentileza, *bondad*…"
Gálatas 5:22 NTV

"En cambio, la clase de fruto que el Espíritu Santo produce en nuestra vida es: amor, alegría, paz, paciencia, gentileza, bondad, *fidelidad* (Fe)…"
Gálatas 5:22 NTV

"En cambio, la clase de fruto que el Espíritu Santo produce en nuestra vida es: amor, alegría, paz, paciencia, gentileza, bondad, fidelidad, *humildad*…"
Gálatas 5:22-23 NTV

"En cambio, la clase de fruto que el Espíritu Santo produce en nuestra vida es: amor, alegría, paz, paciencia, gentileza, bondad, fidelidad, humildad y *control propio (dominio propio)*. ¡No existen leyes contra esas cosas!"
Gálatas 5:22-23 NTV

"Ustedes han sido *salvados* porque aceptaron el amor de Dios. Ninguno de ustedes se ganó la *salvación*, sino que Dios se la regaló. La *salvación* de ustedes *no es el resultado de sus propios esfuerzos*. Por eso nadie puede sentirse orgulloso".
Efesios 2:8-9 TLA

Si Dios tuviese Redes Sociales

Si Dios tuviese Facebook™, le daría 👍 «Me gusta» a todas las publicaciones que aporten y den valor a la vida.

Si Dios tuviese Instagram™, subiría 📷 fotos con mensajes que alegren el día a alguien triste.

Si Dios tuviese 🐦Twitter™, escribiría mensajes y microhistorias que transformen a quienes los lean.

Si Dios tuviese LinkedIn™, su Currículum 💼 incluiría el servir y amar a todos por igual.

Si Dios tuviese Snapchat™👻, publicaría historias de cuatro segundos, conversando con gente marginada por la sociedad.

Si Dios tuviese YouTube™📺, haría vídeos que enseñen cómo amar como Dios nos ama.

Si Dios tuviese Pinterest™, subiría tutoriales de cómo debemos fijarnos en el corazón ❤️y no en la apariencia de las personas👖.

Si Dios tuviese redes sociales, las utilizaría para que todas las personas le conozcan y establezcan una relación real con Él.

Si Dios tuviese…

Dios no tiene nada de esto, pero tiene a quienes hemos aceptado su mensaje de salvación, para que podamos hacer de nuestras redes sociales verdaderas redes de apoyo para quienes nos siguen.

Si has aceptado al Señor como tu Salvador, ahora Cristo vive en ti y tus redes sociales pueden ser utilizadas como plataformas para bendecir, cuando el fruto del Espíritu es ejercitado a través de ellas.

INTRODUCCIÓN #SoylaEvidencia

RECUERDO CUANDO, más o menos, en el año 1996, le dije a mis padres, con un brillo increíble en los ojos, que quería estudiar Electrónica en la Escuela Superior.

Mi aspecto de "surfer", amante del mar 🏄, cabello despeinado, jeans rotos y tenis, no encajaba precisamente con el perfil de una persona "tecnológica" 👤💻👤💻, mucho menos en una sociedad y una época, en donde ese tipo de profesiones eran primordialmente "para hombres".

Aun así, con el apoyo de mis padres y para sorpresa de todos, me aceptaron en el famoso programa de la escuela vocacional, en donde, de treinta estudiantes aceptados, solo cinco eran mujeres. Mi intención era graduarme, para luego estudiar Ingeniería Eléctrica con concentración en Electrónica... pero Dios tenía otros planes.😱

En este libro encontrarás parte de mi historia de vida, así como también, principios básicos para que puedas reflejar a Dios en tus redes sociales. Verás que #SoylaEvidencia de que Dios es real y puede utilizar las redes para salvar a las personas, porque estoy convencida de que, como cristianos, nos queda mucho trabajo por hacer, para poder cumplir con la Gran Comisión que nos fue asignada.

Mateo 28:19 TLA, dice: "Ustedes vayan y hagan más discípulos míos en todos los países de la tierra. Bautícenlos en el nombre del Padre, del Hijo y del Espíritu Santo".

Muchos cristianos piensan que esta asignación, y la salvación de las almas, es tarea exclusiva para los pastores o líderes eclesiásticos.

Hoy tenemos a nuestro alcance armas muy poderosas, que pueden ayudar a acelerar o a frenar la Gran Comisión que nos ha sido encomendada a **todos**. Usadas correctamente, estas armas ayudan a que más almas se sumen a la eternidad por medio de la fe en Jesús. En contraste, utilizadas de forma equivocada, pueden contribuir a que las personas que aún no conocen del Señor se mantengan en tinieblas. Esas armas son las redes sociales.

Es bueno poder argumentar de forma correcta, enseñar la sana doctrina y erradicar la religiosidad que tanto daño nos ha hecho a través de los años. Sin embargo, he sido testigo de una creciente ola de cristianos que, en las redes sociales, utilizan la Palabra de Dios para juzgar y discutir, repudiar a quienes no piensan igual que ellos y publicar mensajes que están muy alejados de ser un reflejo de Dios.

Por eso, antes de poder impactar positivamente a los demás a través de las redes sociales, debemos trabajar con nosotros mismos en nuestras vidas privadas. *No podemos ayudar a otros sin primero habernos ayudado a nosotros mismos.*

Siendo así, creo que debemos hacernos las siguientes preguntas, tanto en nuestra vida personal, como en lo que publicamos en las redes sociales:
- ¿Estoy siendo puente 🏰 de bendición o piedra de tropiezo?
- ¿Estoy viviendo una vida íntegra, de manera que mis acciones en privado concuerden con lo que publico en mis redes sociales? 🤔
- ¿Estoy ayudando a otros a encontrarse con Jesús y crear una relación con Él? ✝

- ¿Mi vida y mis redes sociales son un ejemplo a seguir de lo que es un cristiano genuino? 🙏

Si logramos reflejar a Dios de forma genuina en nuestra vida privada, podremos dar testimonio fidedigno de Él en nuestras redes sociales.

Mi deseo es que, a través de este libro, puedas evaluarte e identificar si como cristiano estás reflejando la esencia de Dios. Deseo que puedas comprender cómo las situaciones por las que atraviesas, te ayudan a desarrollar el fruto del Espíritu Santo y cómo puedes hacerlo madurar y verlo manifestado en tu vida personal, profesional, espiritual y/o social.

Si eres pastor, líder, o miembro del cuerpo de Cristo en general, podrás utilizar este libro de manera que, a través del reflejo de Cristo en tus redes, seas puente de bendición en la vida de los no creyentes, con el fin de que tu ejemplo los lleve a preguntarse quién es ese Dios a quien sirves.

Si este libro llegó a tus manos de forma inesperada, no es casualidad que lo estés leyendo. Seas cristiano o no, podrás encontrar una guía práctica al final de cada capítulo, para que evalúes todo lo que vayas a publicar, antes de hacerlo. Quizás estabas buscando un manual de cómo manejar las redes sociales, pero aquí encontrarás mucho más que eso.

La Biblia dice en Mateo 24:14 TLA: *"El fin del mundo llegará cuando las buenas noticias del reino de Dios **sean anunciadas en toda la tierra, y todo el mundo las haya escuchado"*.

La página web de *Sociedades Bíblicas Unidas* publicó que, en enero del 2019, la Biblia completa – impresa en papel - había sido traducida en 692 de los 7.350 idiomas existentes en el mundo. Sin embargo, esta página también afirma que el Nuevo Testamento, así como porciones más cortas de la Biblia,

SI LOGRAMOS REFLEJAR
A DIOS
DE FORMA GENUINA EN
NUESTRA VIDA PRIVADA,
PODREMOS DAR TESTIMONIO
FIDEDIGNO DE
ÉL EN NUESTRAS
REDES SOCIALES.

ask

se han traducido en 2.670 idiomas, lo que deja un total de 3.988 lenguas restantes sin traducción.[1]

Por esta razón, muchos aseguran que el fin de los tiempos aún está muy lejos de ocurrir. Sin embargo, esta información no toma en consideración el acceso digital a las Escrituras. Es muy importante que tengamos en cuenta que el internet, definitivamente está facilitando el acceso a ellas, mediante sus traductores virtuales y a través de las redes sociales.

Cada día, son más los lugares que tienen acceso a la tecnología, muchos más sitios en donde la Palabra de Dios es anunciada, y muchas más personas las que están escuchando las Buenas Noticias. La expansión del Evangelio se está acelerando más de lo que imaginamos, y el fin de los tiempos puede ocurrir mucho antes de lo que esperamos.

🔍Veamos algunas estadísticas:

- A finales del 2017, el 49% de la población mundial tenía acceso a internet, comparado con un 7% en el año 2000. En el 2018, un 54% de la población contaba con acceso a internet.[2]
- El aumento de usuarios desde el 2014 al 2018, representa un incremento aproximado de un 8% por año. En el año 2014, habían 2.880 millones de usuarios, comparado con los 3.896 millones de usuarios, al final del año 2018.[3]
- Si seguimos con esta tendencia, la previsión es que, entre el año 2025 y el 2033, es decir, en "un abrir y cerrar de ojos", el 100% de la población mundial, con acceso a una computadora, podría tener también acceso a internet.

Estas estadísticas no son una garantía de que todo el mundo vaya a conocer el mensaje de salvación, pero sí me llevan a pensar que muy pronto la Palabra de Dios podrá estar al alcance de todos, a la velocidad de un "click". 📱

¿Imaginas que cualquier persona escriba en su 🔍 buscador la palabra "Dios" y le aparezcan versículos en su idioma? ¿Estarán las Redes Sociales y el Internet acelerando el acceso al Evangelio? 💀

Encontré la Verdad

CUANDO ERA PEQUEÑA me enseñaron que solo hay diez mandamientos en la Biblia que debemos cumplir siempre, para demostrar que obedecemos a Dios y así llegar a ser buenos cristianos.[4]

Recuerdo que iba a las clases de catecismo de la Iglesia Católica y nos lo recordaban una y otra vez. De hecho, para poder hacer la Primera Comunión, debía saberlos todos de memoria. Doy gracias al Señor porque mis padres se encargaron de enseñarme a amar a Dios desde pequeña, pero al crecer me di a la tarea de educarme un poco más, y esto fue lo que encontré:

De los Diez Mandamientos se desprenden muchas de las tradiciones de algunas religiones de hoy en día, como por ejemplo, la de separar el sábado o el domingo como día de reposo.

Seguramente has estado acostumbrado a escuchar que es algo que aun debes cumplir, pero quiero decirte que, entendiendo el contexto, realmente no es así, porque estos mandatos originalmente fueron escritos para los judíos, no para nosotros en la actualidad.

Esto puede parecerte un poco chocante 😨, como lo fue para mí, ya que la costumbre y la tradición también es parte de nuestra vida actual. Pero, aunque encontrar la verdad no siempre es divertido, hacerlo nos lleva a la libertad 🙌.

Ahora bien, no solo hay diez mandamientos en la Biblia. Además, hay muchos otros mandatos que se suman a ellos. Si te dedicas a buscar más información, y a leer los cinco primeros libros de la Biblia, encontrarás que hay 613 mandamientos o preceptos que los judíos debían acatar para no pecar o mantenerse puros.[5] Por ejemplo:

• No sembrar en un mismo lugar diferentes tipos de semilla,

ni mezclar tipos de telas.[6]

• La mujer era inmunda por siete días durante su menstruación[7], al igual que todo lo que ella tocare: su cama, a su esposo, la silla donde se sentara, etc… Luego de su menstruación, debía esperar siete días más para "purificarse" y luego, hacer un sacrificio de ofrenda para cumplir la Ley. La menstruación de la mujer era una enfermedad en aquella época.[8]

• El hombre que derramaba semen involuntariamente era inmundo.[9]

• El hombre que trabajaba en el templo no podía afeitarse el cabello, ni arreglarse la barba.[10]

Entonces, si hoy en día tuviésemos que cumplir al 100% la Ley dada a Moisés, ¿qué hacemos con las huertas en donde sembramos diferentes vegetales o frutos? ☹, ¿qué hacemos las mujeres cuando estamos en los días de menstruación? 😑 y las que lactan, ¿dejarán de lactar para no hacer impuros a sus bebés?, ¿cómo nos vestimos si no debemos mezclar o combinar telas o hilos? ⁉ , etc…

Los judíos continuaron añadiendo reglas, costumbres y tradiciones que no necesariamente son órdenes divinas, pero que ellos debían cumplir en su totalidad para "vivir en santidad".

La libertad que trae Jesús

MIENTRAS SIGAS CREYENDO lo que te han enseñado, sin buscar información al respecto, vivirás preso de las convicciones de los demás.

Permíteme traer libertad y paz a tu vida: Si hoy en día, aun piensas que debemos cumplir con todos estos mandamientos rigurosos, las próximas líneas te explicarán para qué sirve la Ley de Moisés y cuál Ley es la que debemos estar cumpliendo hoy.

En el Antiguo Testamento, los primeros cinco libros de la Biblia contienen la Ley de Moisés. Estos libros también se co-

MIENTRAS SIGAS
CREYENDO
LO QUE TE HAN ENSEÑADO,
SIN BUSCAR INFORMACIÓN
AL RESPECTO,
VIVIRÁS PRESO
DE LAS CONVICCIONES
DE LOS DEMÁS.

ask

nocen como el Pentateuco, la Torá o la Ley. Pablo nos enseña que lo que hizo la Ley, fue enseñarnos el camino para guiarnos a Jesús. Como era imposible cumplirla en su totalidad, estábamos presos ante ella. Por eso, era necesario que viniera Jesús para rescatarnos del castigo de no poder cumplirla.

Los que confiamos en Jesús † no tenemos que dejarnos guiar por la Ley, pues en Él está todo su cumplimiento y el comienzo de una nueva ordenanza: Su ley, la Ley de Cristo.

Leamos esto en Gálatas 3:23-26 TLA:
"Antes de eso, la ley fue como una cárcel, donde estuvimos encerrados hasta que vimos que podíamos confiar en Cristo. La ley fue como un maestro que nos guió y llevó hasta Cristo, para que Dios nos aceptara por confiar en Él. Pero ahora que ha llegado el tiempo en que podemos confiar en Jesucristo, no hace falta que la ley nos guíe y nos enseñe. Ustedes han confiado en Jesucristo, y por eso todos ustedes son hijos de Dios."

En Romanos 3 leemos que nadie puede ser justificado por obedecer la Ley, porque siempre nuestros esfuerzos humanos serán insuficientes para cumplirla en su totalidad: *La Ley nos ayuda a reconocer que somos pecadores.*

Leamos Romanos 3:19-26 TLA:
"Sabemos que la ley de Moisés tiene valor para los que se someten a ella. Y lo que la ley dice, es para que nadie pueda declararse inocente; es para que todo el mundo se reconozca culpable ante Dios. El cumplimiento de la ley no nos hace inocentes ante Dios; la ley sólo sirve para que reconozcamos que somos pecadores. La Biblia misma nos enseña claramente que ahora Dios nos acepta sin necesidad de cumplir la ley. Dios acepta a todos los que creen y confían en Jesucristo, sin importar si son judíos o no lo son. Todos hemos pecado, y por eso estamos lejos de Dios. Pero él nos ama mucho, y nos declara inocentes sin pedirnos nada a cambio. Por medio de Jesús, nos ha librado del castigo que merecían nuestros pe-

cados. Dios envió a Jesucristo para morir por nosotros. Si confiamos en que Jesús murió por nosotros, Dios nos perdonará. Con esto Dios demuestra que es justo y que, gracias a su paciencia, ahora nos perdona todo lo malo que antes hicimos. Él es justo, y **sólo acepta** a los que confían en Jesús."

Por último y para "poner la cereza en el pastel" en este tema tan interesante, Pablo nos regala un punto importantísimo: **Quienes creemos en Jesús hemos sido liberados de la Ley porque Jesús puso fin al cumplimiento de ella. ¡Dios ya no nos acepta solo por obedecer la Ley!**

Leamos los siguientes versículos que validan lo que menciono:
Romanos 7:6 TLA:
"Pero ahora la ley ya no puede controlarnos. Es como si estuviéramos muertos. Somos libres, y podemos servir a Dios de manera distinta. Ya no lo hacemos como antes, cuando obedecíamos la antigua ley, sino que ahora obedecemos al Espíritu Santo."

Romanos 10:1-4 TLA:
"Hermanos en Cristo, con todo mi corazón deseo y pido a Dios que él salve del castigo a los israelitas. Estoy seguro de que ellos tienen muchos deseos de servir a Dios, pero no saben cómo hacerlo. No comprenden que sólo Dios nos puede declarar inocentes. Por eso han tratado de hacer algo para que Dios los acepte. En realidad, han rechazado la manera en que Dios quiere aceptarlos. Dios ya no nos acepta por obedecer la ley; ahora sólo acepta a los que confían en Cristo. Con Cristo, la ley llegó a su cumplimiento."

Te invito a que también puedas leer Gálatas 2:15-21, Efesios 2:8-10.

El Evangelio se trata de los demás

ENTONCES SI YA NO TENEMOS QUE CUMPLIR la antigua

Ley de Moisés, ¿quiere decir esto que ahora podemos vivir haciendo lo que nos da la gana?😱 Te lo explicaré de la forma más sencilla y prudente posible. **Podemos hacer todo lo que queremos, pero no todo lo que queremos hacer nos conviene.**[11]

Jesús resumió en dos todos los mandamientos de la antigua Ley de Moisés. Pero en el versículo 40 de Mateo 22, Él mismo nos da la clave para poder vivir una vida íntegra y que agrade a Dios. Nos dice que toda la enseñanza de la Biblia 📖, se basa en amar a Dios y a nuestro prójimo.

Cuando elegimos amar a Dios y a nuestro prójimo, nos comportamos de una forma que no es dañina ni para los demás, ni para nosotros mismos. Por eso, no es necesario seguir cumpliendo la Ley de Moisés, sino esta nueva Ley de Cristo, pues toda la enseñanza bíblica se resume en ella. Al hacer esto, no solo podemos vivir en libertad, sino que sabemos que *la esencia del evangelio está resumida en dejar de pensar en nosotros mismos, y comenzar a hacer cosas que bendicen a nuestros semejantes*.

Mateo 22:37-40 TLA:

"Jesús le respondió: —El primer mandamiento, y el más importante, es el que dice así: "Ama a tu Dios con todo lo que piensas y con todo lo que eres." Y el segundo mandamiento en importancia es parecido a ese, y dice así: "Cada uno debe amar a su prójimo como se ama a sí mismo." Toda la enseñanza de la Biblia se basa en estos dos mandamientos."

Esto no acaba aquí. Jesús en ese momento estaba citando la Ley que había sido escrita para Moisés, pero luego sucedió algo sorprendente: En Juan 13:34 TLA vemos que Jesús nos da un nuevo mandamiento. Este nuevo mandamiento es el que resume en qué debemos enfocarnos como creyentes: *"Les doy un mandamiento nuevo: Ámense unos a otros. Ustedes deben amarse de la misma manera que yo los amo".*

JESÚS MISMO NOS DICE QUE PARA PODER **AMAR** A OTROS CORRECTAMENTE, DEBEMOS AMARLOS DE LA FORMA EN LA QUE **ÉL NOS AMA.**

ask

EL **FRUTO** DEL
ESPIRITU
NO ES OTRA COSA QUE
LOS ATRIBUTOS QUE
NECESITAMOS TENER PARA
BENDECIR
A LOS DEMÁS.

ask

Jesús mismo nos dice que para poder amar a otros correctamente, debemos amarlos de la forma en la que Él nos ama. Entonces, ¿cómo es posible que amemos a otros correctamente, si no conocemos el amor de Dios, a través de Jesús? 😔

En este libro encontrarás mi historia de vida y cómo Dios me encontró a través de las Redes Sociales. También verás que procurar una relación con Jesús libre de religiosidad, te llevará a desarrollar el fruto del Espíritu Santo, teniendo como componentes esenciales, los acontecimientos de la vida. El fruto del Espíritu no es otra cosa que los atributos que necesitamos tener para bendecir a los demás.

Cuando desarrollas el máximo potencial del fruto del Espíritu Santo que vive en ti, luego de aceptar a Jesús como tu Dueño y Señor, puedes comenzar a bendecir a otros en todas las esferas de tu vida, incluyendo tus redes sociales. No es un secreto que al hacer esto, no solo crecerás tú, sino que los demás verán en ti un excelente ejemplo de lo que es un cristiano íntegro y no uno al que los boricuas le diríamos: "de capota y pintura."

Espero sea de bendición a tu vida y que sea Jesús mismo revelándose en cada palabra que leas, para que no te quede duda de que #DiosEsReal.

Antes de comenzar, me encantaría que me ayudaras con un detalle. Quisiera poder leerte y buscarte en las redes sociales, así que voy a agradecerte que sigas estos sencillos pasos que enumero a continuación.

Cada vez que encuentres una parte que te guste:

• Súbela a tu red social favorita utilizando el hashtag del título de la Evidencia (capítulo) y esta etiqueta: #Diosenlasredessociales

• Si tienes alguna historia o testimonio que contar, en donde

hayas tenido un encuentro con Dios, utiliza estas:
#soylaevidencia #DRSsoylaevidencia
•   Etiquétame en el "story" de Instagram™:
@sarinette_caraballo @diosenlasredessociales

Cuando lo hagas, te añadiré a mi "story highlight" / "historias destacadas", de "Lectores DRS". De esta forma, me ayudas a compartir a #DiosEnLasRedesSociales, para que otras personas también puedan conocer al Señor.

🎊Woohoo! ¡Que comience la diversión! Vamos a esparcir a Dios por las redes sociales. 🎉

EVIDENCIA 1

#AMOR

*"En cambio, la clase de fruto que el Espíritu Santo produce en nuestra vida es: **amor**..."*

Gálatas 5:22 NTV

CRECÍ EN UNA FAMILIA amorosa. Tanto mi padre Ramón Caraballo, como mi madre Lydia A. Pacheco, se demostraban amor uno al otro y me lo demostraban a mí, en todo tiempo. Mi amada hermana, Annette Caraballo, es mayor que yo por 18 años y también tenía un hermano llamado Ramón Caraballo, que murió con 22 años, cuando yo tenía solo 5 años.

Luego de la muerte de mi hermano, mis padres comenzaron a darme más amor que antes. Quizá ellos no se dieron cuenta, pero haber perdido a mi hermano hizo que me sobreprotegieran, al punto que a mis 15 años yo no podía divertirme como lo hacían los jóvenes de mi edad. Hoy no los culpo. Ahora que tengo dos hijas trato de ponerme en sus zapatos y no imagino qué sería de mi vida si algo les sucediera. Tal vez, reaccionaría igual o peor que ellos.

Lo que sí sé es que, a esa edad, estaba loca por salir corriendo de mi casa, no porque mis padres fueran malos, sino porque sentía que no estaba disfrutando de la vida como lo hacían mis amigos. A eso súmale la locura hormonal adolescente y comprenderás lo que trato de explicarte.

Justo antes de ese momento, había conocido a un joven que vivía en mi vecindario. Aunque nací en Fajardo, Puerto Rico, crecí en un pequeño barrio llamado Juan Martín, en el pueblo de Luquillo. Nunca olvidaré cuán hermoso fue crecer en aquel acogedor lugar, lleno de gente humilde y dispuesta siempre a ayudar a los demás.

Pensé que me había enamorado

ABRUMADA Y CONFUNDIDA ante todo lo que estaba viviendo, pensé que me había enamorado. Creía que lo que sentía era amor real, sin siquiera saber que los que me esperaban, serían los peores días de mi vida.

Como mis padres no me dejaban salir ni a la esquina, comencé a verme con el joven en la escuela. Dejé de ir a clases para irme a pasar tiempo con él. Me escapaba por las noches de mi casa, entre muchas locuras más.

Entonces, mis errores llegaron al límite para empezar a pasar factura: Había sido aceptada en una de las mejores universidades del país, para estudiar lo que tanto anhelaba, al tiempo que recibía la noticia de que iba a convertirme en madre a mis 16 años. 😟

No sabía cómo contarles a mis padres. Hacía poco habían celebrado mi fiesta de 15 años por todo lo alto, con amigos y familiares. Yo era su orgullo. Los respetaba, siempre había obtenido buenas calificaciones, e incluso me habían aceptado en un programa llamado "Grupo Piloto", en donde solo estudiantes sobresalientes podían ser aceptados.

Pero a mí lo único que me pasaba por la mente era: Voy a decepcionar a mis padres.

Por amor

NUNCA PENSÉ ABORTAR a mi bebé. Haber crecido en un hogar amoroso y lleno de valores inquebrantables, me imposibilitaba para pensar en el aborto como una opción. Elegí dar a luz a mi bebé, porque desde el primer día que supe que estaba embarazada, pude sentir un amor real dentro de mí.💜

Cuando le conté al padre del bebé acerca de mi embarazo, reaccionó de la peor forma: negando su paternidad. Primero, me preguntó si estaba segura de que estaba embarazada; luego, si estaba segura de que era de él; y por último, me dijo que pensara lo que iba a hacer, porque él no estaba listo para ser padre. ¡Ja! Como si a mis 16 años yo lo estuviese.

Recuerdo como si fuera ayer, cuando le dije que, pasara lo que pasara, yo iba a tener a mi bebé, pues lo amaba desde el primer día. Entonces, aceptó su paternidad, pero de vez en cuando, volvía a negarla en nuestras discusiones.😣

Cuando mis padres se enteraron del embarazo, me dijeron: *"Si fuiste mujercita para quedar embarazada, ahora tienes que ser mujer para vivir sola."* La vida acababa de enseñarme las mejores lecciones acerca del amor, como consecuencia de mis acciones:

💜 **En ocasiones, lo que parece amor es solo un capricho, una ilusión o un acto escapatorio pues el amor no es ofensivo.**[1]

Me enfoqué en lo que creía que era amor y comencé a desviar mi mirada de los valores que me habían enseñado en casa. Pasé por alto el consejo de mis padres de llegar virgen al matrimonio, porque pensaba que eso era algo pasado de moda, sin saber que en realidad era un principio bíblico, que me habría ahorrado muchos problemas. Ese principio nos enseña que nuestro cuerpo le pertenece a Dios y por tanto, debemos guardarnos hasta el momento correcto.[2]

💜 **Para poder amar necesito amarme primero.**

Uno de los errores que cometen los adolescentes, es que creen que alguien va a llenar sus vacíos y los va a hacer felices. Yo pensaba así. Pero es importante aprender que el único que llena todos los vacíos que puedan existir en la vida, es Dios y que mientras no le reconocemos como Dueño y Señor de nuestras vidas, ese vacío estará presente. Por eso necesitamos buscarle para que lo llene.[3]

Cuando Él lo hace, nos sentimos plenos para entonces compartir nuestra felicidad con los demás. *Para amar a otros correctamente, necesito reconocer que Dios me amó primero.* Necesito experimentar ese amor, amarle en gratitud por lo que hizo por mí, para de esa forma, amarme y así poder amar a los demás.

Mucho se menciona el "ama los demás como a ti mismo". Pero, ¿qué sucedería si yo misma no me amo?. Para eso, Dios nos dio una respuesta muy hermosa a través de este nuevo mandamiento, que nos dejó Jesús, en Juan 13:34 TLA: *"Les doy un mandamiento nuevo: Ámense unos a otros. Ustedes deben amarse de la misma manera que yo los amo".*

Aquí vemos que Jesús nos dice que amemos a los demás como Él nos ama, de modo que ahora *para amar a otros, primero debo experimentar el amor de Dios, que solo se manifiesta cuando le entrego mi vida a Él, a través de Jesús. Eso me llevará a amar a los demás correctamente.*

♥ **Las "medias naranjas" no existen.**

Y yo pensaba que sí. Busqué en aquel joven lo que creía me faltaba. Al final, me di cuenta que lo que me habían contado no era cierto. Nacimos completos pero el pecado nos separó de Dios, quien nos hace completos.[4] Por tanto, para volver a estarlo, debemos aceptarlo en nuestra vida. Solo así, podremos estar listos para repartir amor a los demás, desde la perspectiva correcta.

♥ **Quien dice que ama, lo demuestra con hechos y acciones.**

Pensaba que el amor que sentía por aquel joven era real. Él también decía que me amaba, pero al momento de enterarse de que estaba embarazada no lo demostró. De esta misma forma, si decimos que amamos a Dios, nuestras buenas acciones deben demostrarlo, pues *"la fe sin buenas acciones es muerta".*[5] Y esto no significa que por nuestras acciones vamos a ser salvos, porque lo que salva es la gracia de Dios;[6]

sino que, nuestras acciones y buenas obras son el resultado y reflejo de que en realidad hemos creído en el Señor, y tenemos una relación personal con Él. 👏

💜 El amor real nunca se da por vencido.[7]

Al elegir continuar con mi embarazo, sabía que iba a sufrir, pero que no me podía dar por vencida. Ya no podría ir a la universidad que tanto anhelaba porque estaba ubicada al otro lado de Puerto Rico, a casi cuatro horas de distancia de mi familia. Tampoco podría disfrutar mi etapa de adolescencia correctamente.

¡Qué ironía! Me quejaba de que mis padres no me permitían salir y ahora me enfrentaría a la ardua, pero hermosa tarea, de ser madre a los 16 años de edad. Y no es que ser madre sea malo, es que no era el momento ni la forma adecuada.

Elegí seguir estudiando en un lugar más cercano y una profesión que no era mi favorita. Tuve que conseguir un trabajo a tiempo parcial para, poco a poco, salir adelante con mis hijas, pues quedé embarazada nuevamente a mis 18 años. Con dos hijas, estudios universitarios, trabajo a tiempo parcial y un esposo maltratante, mi panorama del futuro no era el mejor. Aun así, elegí continuar con mi embarazo y también dar a luz a mi segunda hija. Nunca me rendí por amor a ellas. 💜

💜 El amor real todo lo soporta.

Y no me refiero a soportar el maltrato, porque eso no es la voluntad de Dios para el matrimonio. Dios nos ha llamado a vivir en paz.[8] Ni el hombre ni la mujer merecen ser maltratados. Creo firmemente en la restauración que Dios puede hacer en un matrimonio, siempre y cuando ambas partes estén de acuerdo en salvarlo, y en buscar ayuda profesional y espiritual para ello. Sin embargo, cuando se trata de maltrato y la parte maltratante no desea buscar ayuda profesional ni espiritual, ¡HUYE Y SALVA TU VIDA! 🏃‍♀️👻

Cuando menciono que el amor real todo lo soporta, hablo de mis padres. Cuando me dijeron que ahora me tendría que ir a vivir sola, ellos estaban sufriendo mucho. No podían comprender cómo habiendo sido tan amorosos, yo les había pagado haciendo las cosas mal. Hoy puedo mirar atrás para darme cuenta que un amor de padres todo lo soporta. A pesar de que me dijeron que me tenía que ir a vivir sola, habilitaron una antigua casa de herencia familiar, gastando miles de dólares, para que yo pudiese irme a vivir con mi pareja; cuidaban a mis hijas para yo poder ir a trabajar o estudiar; me daban dinero para transportarme todos los días, entre demasiadas cosas más.

💜 Amor Real

EN MIS PADRES puedo ver el amor de Dios quien, a pesar de todos nuestros errores, sigue ahí esperando pacientemente a que volvamos nuestra mirada a Él. Envió a su Unigénito para que, a través de su vida, aprendiéramos el verdadero significado del amor.💜

Esta es la misma clase de amor que debemos estar viviendo y esparciendo por el mundo, tanto en nuestra vida personal, como en lo que reflejamos en nuestras redes sociales.

1 Corintios 13 NTV, nos enseña acerca de este amor verdadero y eterno.

Leamos el capítulo completo:

"La mayor es el amor

Si pudiera hablar todos los idiomas del mundo y de los ángeles pero no amara a los demás, yo solo sería un metal ruidoso o un címbalo que resuena. Si tuviera el don de profecía y entendiera todos los planes secretos de Dios y contara con todo el conocimiento, y si tuviera una fe que me hiciera capaz de mover montañas, pero no amara a otros, yo no sería nada. Si diera todo lo que tengo a los pobres y hasta sacrificara mi cuerpo, podría jactarme de eso; pero si no amara a los demás, no habría logrado nada. El amor es paciente y bondadoso. El amor no es celoso ni fanfarrón ni orgulloso ni ofensivo. No exige que las cosas se hagan a su manera. No se irrita ni lleva un registro de las ofensas recibidas. No se alegra de la injusticia sino que se alegra cuando la verdad triunfa. El amor nunca se da por vencido, jamás pierde la fe, siempre tiene esperanzas y se mantiene firme en toda circunstancia. La profecía, el hablar en idiomas desconocidos, y el conocimiento especial se volverán inútiles. ¡Pero el amor durará para siempre! Ahora nuestro conocimiento es parcial e incompleto, ¡y aun el don de profecía revela solo una parte de todo el panorama! Sin embargo, cuando llegue el tiempo de la perfección, esas cosas parciales se volverán inútiles. Cuando yo era niño, hablaba, pensaba y razonaba como un niño; pero cuando crecí, dejé atrás las cosas de niño. Ahora vemos todo de manera imperfecta, como reflejos desconcertantes, pero luego veremos todo con perfecta claridad. Todo lo que ahora conozco es parcial e incompleto, pero luego conoceré todo por completo, tal como Dios ya me conoce a mí completamente. Tres cosas durarán para siempre: la fe, la esperanza y el amor; y la mayor de las tres es el amor."

Dios no tiene redes sociales pero nos tiene a nosotros, para que seamos reflejo de Su amor, gracia y misericordia, en las nuestras. Cuando alguien publique algo de desprecio, reaccionemos con amor. Cuando alguien publique algo apelando al maltrato, la burla, la crítica, etc…, elijamos no unirnos a esas descargas de odio, celos o envidia. Reaccionemos con amor. 🖤

"**DIOS** NO TIENE **REDES SOCIALES** PERO NOS TIENE A NOSOTROS, PARA QUE SEAMOS REFLEJO DE SU **AMOR, GRACIA Y MISERICORDIA,** EN LAS NUESTRAS."

ask

Autoanálisis de la Evidencia 1. #Amor:

!? Hazte estas preguntas para evaluar si vives con amor y demuestras amor a los demás.

○ 1. ¿Amas a tu prójimo? _____

○ 2. ¿Qué acciones prueban que realmente amas a tu prójimo?_____
_____

○ 3. ¿Tu amor por los demás te está llevando a vivir una vida de testimonio, o solo tratas de cuidarlo por miedo a lo que dirá la gente?
_____
_____

✅ **"Godlist" para Redes Sociales:**
   ¿Dios publicaría, compartiría o le daría like a esto?

"Hagan todo con amor." - 1 Corintios 16:14 (NVI)

• Antes de dar like o share al post de alguien, piensa:

○ ¿Esta publicación trata a los demás con el amor con el que quiero que me traten a mí?

○ ¿Voy a demostrar amor al prójimo con lo que voy a compartir?

• Antes de publicar un post, evalúa:

○ ¿Esta publicación refleja el amor de Dios para los demás?

• Antes de comentar en una publicación, analiza:

○ ¿Lo haces por amor y para edificar a tu prójimo?

⟲ Pasos a seguir para reflejar el amor por los demás.

○   1. Ama a Dios – Mateo 22:37
○   2. Ama a los demás como a ti mismo - Juan 13:34
        a. Ayuda al necesitado - Mateo 25:35
        b. No causes problemas a los demás - 1 Juan 2:10
○   3. Haz las cosas por amor y no por lo que puedas obtener de los demás - Gálatas - 5:6
○   4. Recuerda que sin amor nada funciona – 1 Co. 13:1-2

● Recuerda:

Si te has identificado con alguna parte de este capítulo, si has atravesado o estás atravesando, alguna situación que está desarrollando en ti el #amor de Dios, compártelo en tus Redes Sociales con las etiquetas:

| #Diosenlasredessociales | #SoyLaEvidencia | #amor | #amorDRS |

EVIDENCIA 2

#ALEGRÍA

*"En cambio, la clase de fruto que el Espíritu Santo produce en nuestra vida es: amor, **alegría**…"*

Gálatas 5:22 NTV

UNA DE LAS COSAS que veo con frecuencia en las redes sociales, especialmente en Facebook™ 📱, es cómo, continuamente, las personas se quejan de las situaciones que les suceden en la vida. Puedo comprender que quienes no conocen al Señor lo hagan, pero no puedo entenderlo cuando lo leo en las redes sociales de un cristiano.

Los cristianos somos humanos y atravesamos las mismas situaciones que la vida le presenta a una persona no creyente. Sin embargo, vivir en una constante queja y compartir nuestros estados de ánimo llenos de angustia, miedo o tristeza, no es bueno para quienes nos leen en las redes sociales. ***Cuando tenemos a Dios en nuestras vidas, debemos emanar una fragancia alegre, dentro y fuera de las redes, a pesar de las circunstancias.***[1]

La palabra alegría 😃, que también significa regocijo o gozo, aparece 74 veces en el Nuevo Testamento. En Mateo podemos ver cómo la alegría siempre va de la mano de la persecución, para poder comprender el proceso de la fe.[2]

Entonces me pregunto: ¿Cómo podemos reflejar alegría en nuestra vida y redes sociales, si vivimos en constante queja? ¿Cómo los demás pueden contagiarse con nuestra alegría, si nosotros mismos no la poseemos? ¿Cómo podemos hablar a nuestros amigos y familiares, acerca del regocijo que trae servirle a Cristo, si nosotros no lo sentimos ni vivimos? ¿Cómo van a querer otros desear conocer a Dios, si siempre estamos molestos y nuestra vida es una constante guerra con los demás? ¿Cómo podemos ser alegres, y a la vez ser cristianos, en una sociedad que ha mostrado el cristianismo como algo aburrido?

Todas estas preguntas, que hoy también quiero que tú te hagas, llegaron a mi mente el día que acepté a Jesús como mi Salvador.

🤡Sonrisa de payaso

ANTES DE CONOCER AL SEÑOR, un día de las madres del año 2011, mi vida era como la de los payasos: alegre por fuera y triste por dentro. Constantemente pensaba en que yo era un total desastre, porque era madre de dos niñas y divorciada en dos ocasiones. Muchas veces tuve que reír delante de ellas, para que no notaran mi infelicidad interior, o sonreír ante la gente para que nadie me preguntara qué me sucedía.

A medida que pasaba el tiempo, sabía que me engañaba a mí misma, y que en realidad necesitaba ayuda para poder salir de la vida tan triste que llevaba. ¿Te ha pasado? **?** Ahora puedo notar tristeza en los rostros que sonríen, como si Dios me hubiese dado ese don, y puedo asegurarte que comportarte como los payasos solo aumentará tu dolor.

Con esto no te digo que divulgues tu vida a todo el que tengas de frente, ni tampoco que nunca sonrías cuando por dentro deseas llorar. Lo que quiero decirte es que pongas tu fe en Dios, para que puedas ser realmente feliz a pesar de cualquier circunstancia.

😞 Dos divorcios

LUEGO DE HABER COMETIDO el error de entregarme a un joven en el momento incorrecto, decidí casarme con él para cumplir con el mandamiento del matrimonio, y "hacer las cosas bien" ante los ojos de Dios. Y el divorcio no se hizo esperar.

Aunque la relación de noviazgo con este joven había comenzado desde mis trece años de edad, no fue hasta los dieciocho que decidí casarme. Cinco años de relación, llenos de maltratos y abusos, y en menos de dos años y medio, ya estábamos divorciados. Debo mencionar que ante tanto maltrato, yo tampoco me comportaba como un santa. Siempre buscaba la forma de responder a sus insultos como acto de defensa, lo que en vez de solucionar las cosas, solo añadía más dificultad en la relación.

El tiempo pasó y me enamoré nuevamente, del que pensaba que sería el amor de mi vida. Se veía tan tierno e inofensivo, y yo estaba tan ciega y desesperada, que no lo vi venir. Una vez más, fui víctima de maltrato y violencia doméstica, física y emocional. Recuerdo con tanta claridad la advertencia que me hicieron: "Sary, ten cuidado porque me dijeron que ha maltratado a las mujeres con las que ha estado"; pero yo no escuché. Y, ¿cómo hacerlo?, si las acciones de este otro joven estaban muy bien calculadas, para hacerme pensar que era el famoso príncipe azul de los cuentos de hadas, cuando en realidad era el protagonista de una película de terror. 😫

El maltrato era cada vez más frecuente y más violento. Mi vida había comenzado a empeorar y casi estuve al borde de la muerte. Pero no solo eso, este hombre además me "pegaba los cuernos" y luego me lo confesaba, porque, según él, su conciencia no lo dejaba en paz. 😖

La primera vez, no sabía cómo reaccionar pero lo perdoné porque no quería llegar a otro divorcio. La segunda vez, estuvimos separados dos meses y lo perdoné, porque aparentaba un arrepentimiento genuino. La tercera... sí, ¡la tercera! ¡ay Padre! ¡Mira si estaba ciega! A la tercera fue la vencida. Cansada de tanto maltrato y abuso, decidí dejarlo de una vez y para siempre.

Como al principio siempre lo perdonaba, él pensaba que esta era otra parte del ciclo de violencia doméstica, y que volvería con él. Insistió de muchas formas: ruegos, promesas, propuestas, incluso llegó a decirme que yo también le "pegara los cuernos", pero que no lo dejara... ¡Qué bajeza!😵 Cuando se dio cuenta de que no me podía convencer y que nada funcionaba, comenzó a amenazarme. Empezó diciendo que se quitaría la vida y por último, amenazó con hacernos daño, a mis hijas y a mí, si no volvía junto a él.

En muchas ocasiones me vi visitando el cuartel de la policía, pero una y otra vez, por el mismo temor, eliminaba las órdenes de protección. Eso hasta que mencionó que les haría daño a mis hijas. En ese momento, con la esperanza de encontrar fuerzas de donde fuese para no caer más en su juego, la dejé vigente y decidí divorciarme.

Recuerdo que un día estaba en casa de una amiga y pasó un auto extraño. Lo hizo en varias ocasiones y de repente, bajó la ventana del auto. Era él. Aunque tenía una orden de alejamiento, había pedido un auto prestado para perseguirme. ¡No me quería dejar vivir en paz!

👑Una corona de espinas me dio la libertad

UNOS MESES ANTES del divorcio, a pesar de la orden de alejamiento que tenía, este hombre volvió a aparecer en mi casa para pedirme perdón. Yo llevaba meses orando para que él se olvidara de la idea de que volviéramos a estar juntos, y ese día, algo maravilloso ocurrió.

Aquella mañana yo había visitado la iglesia y tan pronto

llegué a casa, solté mi Biblia encima de mi cama. La Biblia era hermosa, su cubierta simulaba cuero y tenía grabada la corona de espinas de Jesús. Al soltarla, no me percaté que había caído justo en el centro de mi cama, pareciera que alguien la hubiera colocado así, estratégicamente.

Salí nuevamente y al regresar, él llegó a mi casa para hablar conmigo. Se metió a mi cuarto y comenzó a pedirme perdón. Yo no sabía si llamar a la policía o qué hacer y solo comencé a orar en mi mente. De repente, vio la Biblia en el centro de la cama. Su expresión se transformó y ahora tenía una mirada aterradora. 😠 Comenzó a decirme que yo era una bruja y que jamás quería saber de mí. Me dijo que esa Biblia, encima de la cama, grabada con la imagen de la corona de espinas de Jesús, era, según él, idolatría y una señal de que yo era una "hija del diablo".

Lo que él no sabía es que, esa corona de espinas grabada en la Biblia, fue lo que Dios utilizó para darme la libertad y convencerle de que me diera el divorcio. ¡Yo estaba tan feliz! Pensé que ahora sería fácil divorciarme y que ya no tendría que rogarle por libertad. ¡Tan ingenua yo!. El trámite tardó casi un año porque él no quería darme el divorcio. 😭

Tan difícil fue, que el mismo día del divorcio, ¡se fue corriendo de la sala de espera!. 😣 Aquello fue todo un espectáculo. Como nunca hasta entonces, me armé de valor y me fui tras él con un guardia al que le pedí que me siguiera. Corrí como loca dentro del tribunal para alcanzarlo y me paré frente a él con una firmeza increíble. El guardia 👮 que me siguió se paró detrás de mí, con un porte amenazante e intimidante, mientras miraba a mi esposo con mucha seriedad, como queriéndole decir: ¡Atrévete a salir por esa puerta!

Con lágrimas de desespero en los ojos, le dije: "O me das el divorcio por las buenas, o tendré que hacerlo por las malas. 😤 En realidad no quiero tener que llegar a eso. Ya hoy estamos aquí, para hacerlo por mutuo acuerdo, luego de casi un año. No quiero seguir con este tormento y tampoco quiero hacerte daño. Se acabó". 😖 Y realmente fue el final. Tuve que hacerlo, porque era eso, o seguir, por quién sabe cuánto tiempo más, con aquella tortura que podría acabar con mi vida.

Si deseas saber qué se siente tener moretones 😢 por todo tu cuerpo, excepto en áreas visibles, me puedes preguntar. Si deseas saber qué se siente estar en cama, casi dos meses, con costillas rotas por haber caído sobre el borde de madera sólida de la cama, luego de un empujón, me puedes preguntar 😫. Si deseas saber qué siente una mujer cuando su esposo le dice constantemente que no sirve para nada, que su cuerpo lleno de estrías es horrible y que si se divorcia en una segunda ocasión, ningún otro hombre la va a mirar, me puedes preguntar.

¿Cómo vivir alegre cuando la sociedad te dice que no sirves y que eres un fracaso porque eres divorciada? En mi caso, fracaso doble, según los estándares y la visión de los demás.

Está claro que cometí muchos errores y me responsabilizo por ellos, pero pasar por un segundo divorcio, y que en ambos fuese víctima de violencia doméstica, no era algo que nadie, mucho menos una joven criada como "buena católica", desearía jamás. Muchas veces traté de salir de ese ciclo, pero una de las preguntas que venían a mi mente cuando trataba de huir de aquella situación de maltrato, era: ¿Qué pensarán de mí cuando se enteren que me divorcié otra vez? Vivía presa del "qué dirán", tan presa que por poco muero a causa de ello.

Conocer a Dios, trae una alegría contagiosa a tu vida.

RECUERDO COMO SI fuera hoy, cuando llegué al estacionamiento de la Iglesia Bautista Getsemaní, del pueblo de Ceiba.

Sentía una paz inexplicable. Fui invitada a aquella iglesia por mi amiga Yazmin V. Colón a través de Facebook™.

Les confieso que había visitado varias iglesias, pero en ninguna podía estar por más de diez minutos. Me había criado en la religión católica y entrar a otras iglesias era toda una aventura. De ir, sábado tras sábado, a un lugar en donde tienen una liturgia suave de principio a fin, hasta llegar a una iglesia en donde le gritan a la gente desde el altar, no era fácil para mí. Al día de hoy, no comprendo la necesidad de tener que gritar para llevar el mensaje de Dios.

Llegué a criticar a todas las denominaciones diferentes a la católica, y hasta me burlaba de sus variados estilos de llevar el mensaje de Dios. Me burlaba de la gente que decía hablar con Dios y escuchar su voz y me prometí que NUNCA pisaría una iglesia protestante. Pero, ¿cómo una burlona como yo, comenzó a buscar iglesias protestantes para visitar? ¿cómo es que acepté la invitación de mi amiga para ir a la iglesia, en donde mi vida cambió para siempre?

Recuerdo con mucho amor a una amiga que nunca dejó de invitarme a la iglesia, aunque yo solo aceptaba ir en días especiales. ¡Gracias Rosayda Dávila por no rendirte conmigo!

Primer encuentro con Dios

EL AÑO 2010 FUE DECISIVO para que yo decidiera visitar una iglesia. En enero de 2010, mi hija mayor amaneció con uno de sus ojos girado completamente. Cuando la miraba de frente, solo podía ver la parte blanca del ojo, porque el iris quedaba bajo el área que apunta a su nariz. ¡Imaginen mi angustia! ¿Cómo podría una madre estar feliz ante el sufrimiento de un hijo?

Krysiarys me preguntó llorando: "Mami, ¿mi ojo se quedará así?" A lo que le respondí con una fe increíble, pero sin saber si lo que le estaba diciendo era verdad: "No mi vida, iremos ahora al doctor para que te lo arreglen", como si se tratara de algo tan fácil como cambiarle la batería a un auto. En ese momento sí que no podía desmoronarme, debía permanecer fuerte para mi hija.

El oftalmólogo me dijo que debía llevarla a la sala de urgencias del *Hospital Centro Médico de Puerto Rico* porque aparentaba ser un tumor y la presión del ojo estaba alta. ¡Me estaba hablando "en chino" y dándome las peores noticias de mi vida! Me fui inmediatamente para el Hospital llorando por dentro, pero con una sonrisa por fuera... ya saben, toda una experta en "Payasología 101" 🐵, con tal de que ella no se preocupara. Rápidamente le hicieron un CT Scan, luego un MRI y más tarde un MRV. Cada diagnóstico era peor que el anterior: "Mamá, su niña tiene una trombosis. Un pequeño trombo obstruye una de las venas de su cerebro y al parecer también hay un tumor envuelto".

Dios tiene ángeles en esta tierra

CAÍ DE RODILLAS, con tal fuerza, que sentí como si mis rodillas se hubiesen triturado. Mi niña estaba próxima a cumplir sus 11 años, y aunque siempre oraba y hablaba con Dios en mi hogar, en aquel entonces yo no asistía a ninguna iglesia.

En medio de mi angustia, comencé a orar y solo le pedía a Dios que hiciera un milagro en la vida de mi hija, y que si lo hacía, le prometía entregarle mi vida por completo. Y Dios me escuchó. Mientras escribo estas líneas no puedo contener el llanto, pues recuerdo esa oración como si fuese hoy.

De repente, se acercó a mí una hermosa joven de tez blanca y me preguntó: "*¿Por qué lloras?*" A lo que le respondí todo lo que ya les he relatado a ustedes. Mientras me miraba fijamente, me dijo unas palabras que jamás olvidaré: "*Eres especial para Dios y Dios tiene un trato especial contigo. ¿Sabes?, no se supone que yo esté aquí. Ayer debía haber tomado un* *vuelo, pero me ocurrió algo y no me pude ir. Me llamaron de urgencias* 🚑 *por el caso de tu hija, porque soy la única Neuróloga Pediátrica que atiende estos casos en Puerto Rico. Si Dios no permitió que me fuera, es porque tú y tu hija son especiales para Él. Tranquila que todo estará bien".*

Deben imaginar cómo estaba mi cara luego de escuchar aquellas palabras. No sabía ni qué decir. La joven continuó: *"Estoy un 90% segura que tu hija no tiene un tumor, ella lo que tiene es un Pseudo-Tumor y su sistema nervioso está reaccionando como si tuviese uno".* - Tampoco comprendía nada, porque eso no era lo que decían los resultados de los análisis - *"Para saber si estoy en lo cierto debo entrar a su sistema nervioso, para verificar el nivel del líquido del sistema. Si estoy en lo correcto, solo tendré que vaciar un poco del líquido y listo, su ojo se enderezará. La trombosis, al ser pequeña, la podemos tratar con medicamentos. Los posibles efectos secundarios de entrar al sistema nervioso son: paraplejia..."*

Luego de ese primer posible efecto secundario, no pude escuchar los demás. Solo los pude leer antes de firmar el papel de autorización para el procedimiento. Me preguntaron si quería entrar al quirófano con mi hija y sin saber a lo que me enfrentaría, les dije que sí.

Sedaron a Krysiarys. Pude sentir cuando se desmayó en mis brazos, luego de que la doctora le eliminara cierta cantidad de líquido de su sistema nervioso, ya que sus sospechas eran ciertas. Cuando terminó el procedimiento, la doctora me dijo: *"Te aseguro que cuando despierte tendrá sus ojos bien y cuando volvamos a hacer los análisis no va a aparecer nada, ni siquiera la trombosis. ¿Tú lo crees?"* Le respondí: *"¡Es el milagro que le pedí a Dios!, ¡Lo creo!"*

Aquella doctora era un "ángel de Dios" en esta tierra. Yo no podía comprender nada, pero tenía una fe increíble de que lo que ella me estaba planteando iba a hacerse realidad.

El milagro que acabó con la angustia, para dar paso a la alegría.

PASARON A MI HIJA A RECUPERARSE y le asignaron una habitación, aunque no había despertado. Era víspera del *Día de Reyes*. En mi país, ese día de fiesta se celebra por todo lo alto. Para muchos de nosotros, es la mejor tradición de la temporada navideña.

Krysiarys comenzó a despertar después de permanecer dormida por más de siete horas. Con mucha fe y alegría, coloqué mi cara encima de la de ella, pues quería mirar sus ojos. Estaba totalmente confiada en que Dios había hecho el milagro que le había pedido con tanta fe, en oración. Comenzó a parpadear lentamente, mientras yo, poco a poco, le hablaba al oído hasta que, al fin, abrió sus ojos. ¡No podía creerlo! 😭 Rompí en llanto y empecé a dar gracias a Dios llena de alegría. Él había contestado mi oración y utilizó a aquella joven doctora para que mi hija pudiese tener sus ojos perfectamente alineados.

Mi hija me decía: "*Mami, ¿por qué lloras? ¿Se me arreglaron los ojos? ¡Mami, puedo verte bien! ¡Ya no siento mi ojo girado!*" La doctora llegó a la habitación a revisarla, la llevaron a hacerle nuevamente los análisis y para la gloria de Dios TODO estaba bien: Su ojo se enderezó, el tumor no era real, la trombosis desapareció con los medicamentos y al día siguiente podríamos irnos a casa.

Antes de irnos del hospital, la doctora me dijo: "*Dios te ama, siempre te ha amado y tiene grandes planes contigo. Deja de huir y búscale. Eres especial para Dios y Él te utilizará para llevar Su mensaje a muchas personas*".

Solo hoy, mientras escribo esto, puedo darme cuenta de que quizá, a través de este libro, la historia del milagro que Dios hizo en la vida de mi hija llegue a muchas personas y sea esa una de las formas, de las que, en aquel momento, habló que me utilizaría. Luego de las palabras de la doctora, comencé a buscar versículos en la Biblia acerca del amor de Dios. Pude darme cuenta de que Él me estaba buscando y a la vez estaba siendo paciente conmigo.[3]

Por si fuera poco, ese no era el primer milagro que presenciaba de parte de Dios en la vida de mis hijas y en la mía:

• Mi hija Krysiarys fue prematura, pesando 3 libras con 12 onzas. Y Dios la salvó.

• Mi hija Sarydeliz había estado hospitalizada a sus dos años, con la bacteria *E-Coli* alojada en sus riñones. Y Dios la salvó.

• Mi madre dice que, a mis 8 meses de vida, convulsioné muy fuerte. Y Dios me salvó.

• A mis 4 años, me detectaron unas glándulas cancerígenas en mi garganta. Y Dios me salvó.

• A mis 6 años caí en una piscina sin saber nadar. Y Dios me salvó.

• Me caí de mi motocicleta en el año 2006. Y Dios me salvó.

• Según los doctores: "no se sabe si va a poder seguir hablando bien o tener hijos". Según Dios: "Nació para comunicar y tiene dos hijas". Dios me salvó

Podría seguir y no terminaría. Mis amigos y familiares son testigos de todos estos sucesos en mi vida. Y yo, que le había prometido a Dios que si hacía un milagro en mi hija, le entregaría mi vida por completo, imagina qué hice: ¡no cumplí mi promesa! ¡Esta ingrata no cumplió su promesa! 😢

Segundo encuentro con Dios

LUEGO DE NO CUMPLIRLE mi promesa a Dios, en noviembre de 2010, tuve otro encuentro con Él. Por poco muero en un accidente de auto, el día de mi cumpleaños, a causa de unos caballos que aparecieron, de repente, en la carretera.

Fue la primera vez que escuché audiblemente la voz de Dios, aunque en aquel entonces no podía distinguirla. Llegué a pensar que me estaba volviendo loca. Estas fueron las palabras que escuché de parte de Dios:

" *Acelera* · *Frena* · *Bájate* · BACK *Mira atrás* · *Te estoy llamando* · *Te estoy cuidando* · *Te amo* · *Cuéntale a otros.* "

• "Acelera". Para evitar que los caballos me impactaran.

• "Frena". Para que me diera cuenta de que era Él quien me hablaba.

• "Bájate del auto y mira atrás." Para poder ver con mis propios ojos, lo que Dios estaba haciendo deteniendo a los caballos.

• "Te estoy llamando y no me haces caso. Te estoy cuidando porque te amo." Para que me diera cuenta que su cuidado siempre ha estado conmigo, y recordarme de los tantos milagros que había hecho en la vida de mis hijas y en la mía.

• "Cuéntale a otros", para que otros puedan creer que Dios es real.

Ahora te comparto las palabras que Dios me dijo, desde otra perspectiva:

• *Acelera* tu caminar hacia Dios. Relaciónate más con Él, para que puedas ser un ejemplo y reflejo suyo en esta tierra.

• ¡*Frena*! Deja de hacer las cosas que no te acercan a Él. Esto incluye estar compartiendo cosas en las redes sociales, que no te edifican ni a ti ni a los demás.

* 🚗 ¡Bájate del auto y mira atrás! Repasa tu pasado e identifica todos esos momentos en los que Dios ha cuidado de ti, y nunca los olvides. Da gracias a Dios por su presencia en tu vida.

* 🔕 ¡Te estoy llamando y no me haces caso. Te estoy cuidando porque te amo! ¡Sígueme! Estas palabras no eran exclusivas para mí, porque al final Dios me dijo:

* 🗣¡Cuéntale a otros!... Así que también son para ti.

De todo esto aprendí, que quien no conoce la angustia, difícilmente podrá valorar los momentos de alegría.

Hasta aquí, mi vida había sido un perfecto caos. Luego de esto, al fin me rendí y comencé a visitar diferentes iglesias. Es decir, congregaciones o templos, porque he aprendido que la iglesia somos todas las personas que formamos el cuerpo de Cristo y no el lugar de reunión en sí. Pero como esa es la palabra popular, seguiré llamándole iglesia para no confundirte.

En abril de 2011, fui a un concierto cristiano con mi amiga Carmen Tirado. Al siguiente domingo, fui a visitar la Iglesia Bautista Getsemaní de Ceiba. Y luego de dos o tres domingos, un día de las madres del 2011, pasó algo diferente. Ese día no pensaba ir a la iglesia, pero mi amiga Yazmin me invitó a un servicio especial para las madres, a través de Facebook™.

Luego de estacionarme, un caballero llamado Roberto, esposo de una hermosa joven llamada Neysa, me abrió la puerta con una sonrisa resplandeciente. Sabía que había llegado a casa, a un lugar lleno de amor, alegría y paz.

DE TODO ESTO, APRENDÍ QUE QUIEN NO CONOCE LA ANGUSTIA, DIFÍCILMENTE PODRÁ, VALORAR LOS MOMENTOS DE ALEGRÍA.

ask

Autoanálisis de la Evidencia 2. #Alegría:

⁉ Hazte estas preguntas para evaluar si vives con alegría y la compartes con los demás:

○ 1. ¿Sientes alegría en el Señor, aun cuando pasas por momentos difíciles _____

○ 2. ¿Utilizas la alegría del Señor para dar testimonio a tu prójimo, de las cosas buenas que ha hecho Dios en tu vida? _____

○ 3. ¿Proyectas la alegría del amor de Dios, a través de tus redes sociales? _____

✔ "Godlist" para Redes Sociales:
¿Dios publicaría, compartiría o le daría like a esto?

"Alégrense siempre en el Señor.
Insisto: ¡Alégrense!" - Filipenses 4:4 (NVI)

○ Antes de dar like o share al post de alguien, piensa:
¿Esta publicación muestra alegría y gozo?

○ Antes de publicar un post, analiza:
¿Lo que voy a hacer producirá alegría en los demás?

○ Antes de comentar en una publicación, evalúa:
¿Reflejo la alegría de Dios a mi prójimo?

🕊 Pasos a seguir para vivir alegre:

○ 1. Aprende a poner tu esperanza en Dios a pesar de las circunstancias, pues prometió estar contigo hasta el fin. Mateo 28:20

○ 2. Agradece los tiempos de abundancia y los de escasez. Filipenses 4:12-13

○ 3. Alégrate cuando te sientas débil, te insulten o te persigan, pues Dios está contigo. 2 Corintios 12:10

○ 4. Acepta la corrección de Dios. Job 5:17

● Recuerda:

Si te has identificado con alguna parte de este capítulo, si has atravesando o estás atravesando, alguna situación que está desarrollando en ti la #alegría de Dios, compártelo en tus Redes Sociales con las etiquetas:

#Diosenlasredessociales **#SoyLaEvidencia** **#alegría** **#alegríaDRS**

EVIDENCIA 3

#PAZ

*"En cambio, la clase de fruto que el Espíritu Santo produce en nuestra vida es: amor, alegría, **paz**..."*

Gálatas 5:22 NTV

DESDE EL DÍA QUE ACEPTÉ al Señor como mi Salvador, el día de las madres de 2011, comencé a experimentar una paz que no se puede describir. Entablé una relación especial con Dios. Ese día, elegí ser agradecida con Él por todo cuanto me había cuidado. Le prometí que, a partir de entonces, entregaría todo en sus manos y que no habría vuelta atrás. 🩶

Todo esto lo podemos leer en Filipenses 4:6-7 TLA:

"No se preocupen por nada. Más bien, oren y pídanle a Dios todo lo que necesiten, y sean agradecidos. Así Dios les dará su paz, esa paz que la gente de este mundo no alcanza a comprender, pero que protege el corazón y el entendimiento de los que ya son de Cristo."

Luego de haber dado mi paso de fe en Jesús, Dios comenzó a hacer milagros aún más espectaculares en mi vida y comencé a experimentar aquellas cosas de las que antes me burlaba. Para la gloria de Dios, comencé a escuchar su voz, entre varias experiencias maravillosas más. A partir de ahí, empecé a ver, cada vez más, las respuestas a las oraciones hechas con fe, para glorificar Su nombre. 🤍

Una de las oraciones que hice a Dios fue esta: "Sabes que ahora lo que quiero es enfocarme en ti y servirte a ti. Por favor, no me envíes a nadie para ser mi pareja ahora. Pero, si algún día te pones más creativo de lo que eres, que sea un buen hombre, que te ame a ti primero, así como yo estoy aprendiendo a amarte. Que me ame por quien soy y no por lo que pueda tener, que respete a mis hijas y, preferiblemente, que tenga hijos, porque ya tengo dos. También te pido amistades cristianas para poder fortalecer este nuevo caminar que he comenzado. Y bueno... que se haga tu voluntad y no la mía."

Acto seguido, comencé a buscar amistades cristianas en Facebook™. Como di mi paso de fe en una iglesia bautista, entré en una página llamada: *Iglesias Bautistas de Puerto Rico*, y allí le envié solicitud de amistad a varias personas, entre esas, a un joven llamado Carlos M. Irizarry Torres.

Días después de haber hecho eso, Carlos me escribió por el chat y empezó una amistad, que terminó bastante bien, pues en marzo 31 de 2019, cumplimos 7 años de casados... y ¡contando!

La primera vez que lo vi, fue predicando en la iglesia a la que asistía. Tuvimos una relación de 8 meses de novios y finalmente decidimos casarnos. Con esto, pude darme cuenta de que Dios hace como quiere y que sabe exactamente lo que necesitamos en nuestras vidas. Le dije que no lo quería en ese momento, pero a Él le plació enviarlo a mi vida días después de mi oración. Era como si me estuviese dando una clase intensiva acerca de su soberanía.

Lo importante de este punto es que en todo tiempo sentí paz 🕊. Sabía que Carlos era un hombre especial, apasionado por Dios y yo soy bendecida de ahora ser su esposa y también su discípula. Como nueva creyente tenía demasiadas preguntas que he ido aclarando poco a poco, gracias a Dios, a mi amado esposo Carlos y a lo que he estudiado en el Seminario Internacional Ministerial de México – también 100% virtualmente - dado al deseo constante que comenzó a arder en mí, por aprender más de Dios.

Puede que, si estás empezando en los caminos del Señor, te hagas preguntas como estas. Yo también me las hice y quiero compartir contigo las respuestas que encontré:

¿Por qué Dios permite los tiempos de guerra, las etapas complicadas y las dificultades? 💣

La primera pregunta que me hice luego de haber aceptado al Señor como Salvador fue esa. En búsqueda de la respuesta, me encontré con Romanos 5:3-5. Leámoslo en la versión Reina Valera de 1960, y luego en la versión Traducción en Lenguaje Actual:

Romanos 5:3-5 RV-60:

"Y no sólo esto, sino que también nos gloriamos en las tribulaciones, sabiendo que la tribulación produce paciencia; y la paciencia, prueba; y la prueba, esperanza; y la esperanza no avergüenza; porque el amor de Dios ha sido derramado en nuestros corazones por el Espíritu Santo que nos fue dado."

Romanos 5:3-5 TLA:

"Pero también nos alegra tener que sufrir, porque sabemos que así aprenderemos a soportar el sufrimiento. Y si aprendemos a soportarlo, seremos aprobados por Dios. Y si él nos aprueba, podremos estar seguros de nuestra salvación. De eso estamos seguros: Dios cumplirá su promesa, porque él nos ha llenado el corazón con su amor, por medio del Espíritu Santo que nos ha dado."

Estos tres versículos captaron mi atención, ya que en

los primeros dos versículos de Romanos 5, leemos que Pablo nos dice que, quienes hemos respondido al llamado de Cristo, por medio de la fe, o sea, quienes hemos aceptado al Señor como Salvador, tenemos paz y podemos disfrutar del amor de Dios.[1]🖤

¿Cómo es posible eso, si los próximos versículos mencionan que nos alegra tener que sufrir? *¿Habrá querido decir Pablo que cuando aceptamos al Señor como Salvador, solo disfrutaremos de paz y el amor de Dios en nuestras vidas, pero que no sufriremos?*

¡Para nada! 🖐 1ª. de Corintios 13:4, en la versión Reina Valera, comienza diciendo que "El amor es sufrido". ¿Por qué crees que eso es así?

Desde principios de Romanos capítulo 1, Pablo nos está hablando de las consecuencias relacionadas con habernos revelado contra Dios. En Romanos 1:17-18 aprendemos dos cosas: Una alegre y una triste. La buena noticia, está en Romanos 1:17 TLA:

"La buena noticia nos enseña que Dios acepta a los que creen en Jesús. Como dice la Biblia: «Aquellos a quienes Dios ha aceptado, y confían en él, vivirán para siempre."

Aquí en este versículo 17, la Biblia nos explica cómo Dios justifica al humano. Aprendí en la Universidad que justicia significa: Darle a cada cuál lo que le corresponde.[2] Siendo así, luego que pecamos, merecíamos morir. Eso sería justicia. ⚖ En otras palabras, el que Dios nos justifique a través de Jesús, es sinónimo de que Dios ahora nos pone en una relación correcta (justa) con Él, la misma relación que teníamos antes de que el hombre pecara.

LA JUSTICIA DE DIOS

EN LUGAR DE PERSEGUIR AL **PECADOR** PARA CONDENARLO, ESTÁ **OBSTINADA** EN SEGUIRLO PARA **SALVARLO**.

ask

Imagina a Dios al lado izquierdo de esta página, al ser humano (tú) al lado derecho de la página, y a Jesús en el Centro.

Quienes aceptamos a Jesús como Salvador, tenemos un abogado que se pone frente a nosotros, ante Dios Padre, para que el juicio que merecíamos, ahora caiga sobre Él.[3] La justicia ⚖ de Dios en lugar de perseguir al pecador para condenarlo, está obstinada en seguirlo para salvarlo, según palabras del mismo Jesús en el evangelio de Juan.[4] La Biblia también nos dice que, el propósito de Dios es sentarnos, ya justificados, juntamente con Cristo.[5]

Cuando aceptamos al Señor como Salvador, ya Dios no nos ve ni nos llama por lo que nosotros somos: pecadores; sino por lo que Cristo es: intermediario entre Dios y la humanidad. Por esta razón es que podemos vivir en paz, para poder compartir esa paz con los demás. ¿No es esto maravilloso? 😍

La razón principal por la que Dios permite que pasemos por pruebas y sufrimientos, es para poder formar nuestro carácter. En Romanos 1:18 TLA leemos: "*Pero la gente ha negado, injustamente, la verdad acerca de cómo es*

Dios. Y el Dios altísimo está muy enojado por toda esa maldad e injusticia."

Por tanto, existen pruebas que atravesamos para formar nuestro carácter, pero la consecuencia natural, a causa de nuestro pecado es la ira de Dios, provocada por la respuesta negativa de nosotros, los seres humanos, a la revelación de su justicia.

Es decir, hablando claro, la ira de Dios es mostrada al hombre desde el momento en que, luego de haber pecado, decide rechazar el orden de cosas que Dios creó. ¿Recuerdas los versículos 3-5 de Romanos 5, que leímos anteriormente? Pablo comienza, en la versión Reina Valera, diciendo: "y no solo esto", para unir lo mencionado en los versículos anteriores a estos. También repite "nos gloriamos", para darle peso a la unión de estos versículos con los primeros dos versículos de Romanos 5.

Además de la paz y el amor de Dios, ¿Qué otras cosas experimentamos como cristianos, cuando decidimos creer en Jesús?

Lo más probable es que pienses como yo, cuando lo acepté como Salvador: Cosas lindas que siempre nos harán sentir bien. Al menos eso es lo que nos han hecho creer, quienes no comunican un evangelio íntegro.

En estos versículos, 3-5 de Romanos 5, Pablo nos invita a alegrarnos cuando estamos sufriendo o pasando tiempos difíciles, porque esto nos llevará a producir algo mejor: paciencia y un carácter probado, que sin duda alguna, nos llevará a la esperanza de la Salvación.

Muchas veces decimos: "Señor, quiero ser más como tú" y ni siquiera sabemos lo que estamos pidiendo. En el próximo capítulo profundizo más acerca de esto, pero ahora debes saber que, *es la vida de Jesús el mejor ejemplo para enseñar-*

nos que, para poder llegar a la victoria, primero hace falta pasar por una historia. Una historia que no necesariamente es linda o cómoda; sino una llena de altibajos, como los que experimentó Jesús en esta tierra.

Diría que la palabra tribulación en nuestro lenguaje moderno significa "stress" y se relaciona con la idea de los "bombardeos" o situaciones no placenteras que recibimos en este mundo que nos rodea. También podemos decir, que las tribulaciones son circunstancias que nos presenta la vida y que nos hacen sufrir.

Pablo enfatiza que la tribulación puede tener resultados positivos, si se maneja de manera adecuada y que, Dios permite estos sufrimientos para que podamos "producir" la paciencia en nosotros.

¿A quién no le gustaría tener un carácter probado por Dios y la esperanza de Salvación en la vida eterna, que Dios ha prometido a quienes creen en Él? 👋

Si queremos tener un carácter como el de Cristo y crecer espiritualmente, entonces debemos ver las tribulaciones como nuestra escuela, y ser tolerantes ante ellas en todo tiempo.

Autoanálisis de la Evidencia 3: #Paz

!? **Hazte estas preguntas para evaluar si vives con paz y la compartes con los demás:**

○ 1. ¿Las decisiones que tomas traen paz a tu vida?_____
_____

○ 2. ¿Estás dispuesto a enfrentar sufrimientos que te permitan
experimentar la paz de Dios? _____

○ 3. ¿Buscas activamente estar en paz con tu prójimo?
_____

✔ **"Godlist" para Redes Sociales:**
¿Dios publicaría, compartiría o le daría like a esto?

"Dichosos los que trabajan por la paz, porque serán llamados hijos de Dios" - Mateo 5:9 (NVI)

Antes de dar like o share al post de alguien, piensa:

○ ¿Esa publicación promueve la paz de Dios?
Antes de publicar un post, analiza:

○ ¿Lo que voy a hacer promueve la paz para los demás, o va a producir pleito?
Antes de comentar en una publicación, evalúa:

○ ¿Mi comentario produce paz en la vida de mi prójimo?

🖐 **Pasos a seguir para vivir en paz**

○ 1. Reconoce a Jesús como Salvador. Él ya venció al mundo y solo en Él puedes hallar paz. Juan 16:33

○ 2. Sé un pacificador en lugar de estar buscando contiendas con los demás. Mateo 5:9

○ 3. Evita las mentiras y hablar mal de los demás. En vez de eso, haz el bien. 1 Pedro 3:10-11

○ 4. Confía a Dios todas tus circunstancias y problemas. Filipenses 4:6-7

○ 5. Perdona a los demás como fuiste perdonado por Dios. Colosenses 3:13

● **Recuerda:**

Si te has identificado con alguna parte de este capítulo, si has atravesado o estás atravesando, alguna situación que está desarrollando en ti la #paz de Dios, compártelo en tus Redes Sociales con las etiquetas:

| #Diosenlasredessociales | #SoyLaEvidencia | #paz | #pazDRS |

EVIDENCIA 4

#PACIENCIA

*"En cambio, la clase de fruto que el Espíritu Santo produce en nuestra vida es: amor, alegría, paz, **paciencia**…"*

Gálatas 5:22 NTV

ESTOY SEGURA DE que, con lo que has leído hasta aquí acerca de mi historia, has podido notar que Dios me ha permitido vivir muchos momentos difíciles😭. También, que todos y cada uno de esos momentos, sirvieron para darme cuenta de cuán perdida estaba y que necesitaba con urgencia a Dios, para que me ayudara a enderezar mi vida.

Además, debes haber notado que, tanto la invitación a la iglesia el día que acepté al Señor como mi Salvador, así como el conocer a mi amado esposo Carlos M. Irizarry, sucedió a través de las redes sociales, específicamente en Facebook™.

Hoy, al mirar atrás en mi vida, solo puedo dar gracias y gloria a Dios por todo, lo bueno y lo malo, que me ha permitido vivir. Gracias a todas esas experiencias hoy puedo estar aquí, escribiendo este libro para dar fe de que el fruto del Espíritu Santo es indivisible 🔗, uno lleva al otro y ninguno puede ser separado. Si buscas Gálatas 5:22 en cualquier versión de la Biblia, te darás cuenta de que todas las versiones lo mencionan como "el fruto del Espíritu" y no "los frutos del Espíritu" como muchos comentan.🐾

También #SoylaEvidencia de que, cuando Dios llega a nuestra vida, todo cambia, y si decidimos creerle, obedecerte y amarle de corazón, todo obrará para bien.[1]

PACIENCIA

Algunas de las definiciones que nos brinda el diccionario de la *Real Academia Española* (RAE), para la palabra paciencia, son:[2]

1. Capacidad de padecer o soportar algo sin alterarse.

2. Capacidad para hacer cosas pesadas o minuciosas.

3. Facultad de saber esperar cuando algo se desea mucho.

4. Tolerancia o consentimiento en mengua del honor.

Siete entrevistas

ADMIRO A MI ESPOSO. Comenzó a trabajar para una empresa, como empleado temporero, mientras estudiaba en la universidad. En aquella época, casi no nos veíamos porque yo trabajaba, con horarios rotativos, para otra división del mismo patrono de Carlos en Puerto Rico.

En agosto de 2013 solicité trabajar en las Oficinas Centrales de esa misma empresa, y fui aceptada. ¿El problema? Vivíamos en Adjuntas y las oficinas centrales estaban ubicadas en Caguas. Para llegar a Caguas desde Adjuntas, era necesario dar un largo viaje por el Sur y la Cordillera Central de Puerto Rico, de dos horas y media por las mañanas y el mismo tiempo en la tarde. 😖

Elegí solicitar trabajo allá y aceptar aquella oferta de empleo, para poder poner a Dios y a mi familia en primer lugar. Los horarios rotativos que tenía, mientras trabajaba como Gerente de Servicio al Cliente y de la Oficina de Contabilidad, me impedían ir a la iglesia ⛪ los domingos como yo anhelaba.

Así estuve 9 largos meses, viajando de Adjuntas a Caguas y de Caguas a Adjuntas, todos los días. Recuerdo que muchos me criticaban, pero yo sabía por qué lo hacía. Palabras como: *"Te cansarás en menos de un mes"*, *"No vas a aguantar"*, *"¡Estás loca!, dejar un empleo gerencial ganando tanto dinero, por un empleo regular que pagará menos"*, etc… eran las que escuchaba cuando tomé la decisión.

Mi esposo comenzó a solicitar entrevistas de empleo en áreas cercanas a la oficina y en la misma oficina central, ya que, en aquel entonces, tanto las oficinas centrales de su patrono como las del mío, estaban ubicadas en el mismo lugar.

Luego de siete entrevistas para siete plazas diferentes, fue aceptado en las oficinas centrales ubicadas justo en el mismo edificio que en donde estaban las mías. 🏢 Trabajábamos para el mismo patrono pero en diferentes divisiones.

Recuerdo la frustración que sentíamos cuando Carlos iba a entrevistas, una y otra vez, y no resultaba el candidato elegido. Pero su paciencia, perseverancia, tolerancia y experiencia adquirida en cada una de las seis entrevistas anteriores, lo llevaron a poder aprobar el proceso, siendo finalmente reclutado en una plaza, a tiempo parcial.

Tener paciencia produjo frutos. Ahora ambos podríamos ir a trabajar juntos y nuestro hogar quedaría a solo 15 minutos de distancia. Y así, pudimos comenzar los preparativos para mudarnos a Guaynabo en mayo de 2014 (…Continuará).⏩

Falta de tolerancia en las redes sociales

UNA DE LAS COSAS que más veo hoy en día en las redes sociales, es la falta de tolerancia o paciencia entre las personas. Si alguien publica algo, que no está alineado con los paradigmas aprendidos por otra persona, quien se siente ofendido, arremete contra quien publicó, muchas veces con mensajes subliminales. Tienen el carácter tan poco desarrollado, que en lugar de entablar una conversación con la otra persona para aclarar cualquier tipo de malentendido, lo que hacen es publicar mensajes indirectos en sus redes sociales, para que la otra persona "los capte". 🤔

El problema está en que, aunque la otra persona los "capte", estos individuos siempre negarán que hicieran intencionalmente esa publicación, por su falta de madurez y dominio propio, del cual hablaremos en uno de los próximos capítulos.

Lo que más me impresiona en todo esto, es ver cómo cristianos utilizan sus redes sociales como descarga de sus emociones contra los demás, en lugar de usarlas para compartir el evangelio y así ayudar a que los no creyentes aprendan más de Dios, para encontrar salvación.

Con esto no quiero decir que no podamos compartir chistes u otro tipo de cosas en nuestras redes sociales; lo que quiero decir, es que podemos ser de bendición, y en general, es lo que menos hacemos. Como leímos en el diccionario de la *RAE*, hay diferentes significados para la palabra paciencia. La paciencia de la que se habla en Romanos 5, es la de soportar la prueba o perseverar. Esta paciencia proviene del griego dokimé,[3] que significa prueba o experiencia. Por eso, Pablo dice que la paciencia produce un carácter probado.

No es lo mismo el carácter de alguien que no ha pasado por dificultades, al de quien ha tenido muchas. Mientras más experiencia obtenemos en algún área, mejor

MIENTRAS MÁS EXPERIENCIA OBTENEMOS EN ALGÚN ÁREA, MEJOR PODEMOS ENFRENTAR LOS PROYECTOS FUTUROS.

ask

NO ES POSIBLE TENER UN CARÁCTER PARECIDO AL DE CRISTO, SI EN ESTA VIDA NO PASAMOS POR TIEMPOS DIFÍCILES.

ask

podemos enfrentar los proyectos futuros. De esto también trata la paciencia.

Mientras más situaciones difíciles tengamos que enfrentar ahora, mejor sabremos manejar las dificultades en el futuro. Definitivamente, es la experiencia lo que hace que podamos ser mejores en algo, día a día. *Nuestro carácter no es otra cosa que el resultado de la suma de todas las experiencias que hemos tenido que vivir, desde el día de nuestro nacimiento hasta el día de hoy.*

¿Imaginas cómo serías, si desde que naciste solo hubieses tenido tiempos fáciles y placenteros? *No es posible tener un carácter parecido al de Cristo, si en esta vida no pasamos por tiempos difíciles.* Queremos tener el carácter de Jesús y oramos para que Dios nos haga más como Él, pero se nos olvida por todo lo que Él tuvo que pasar. A Cristo lo insultaron, lo humillaron, lo azotaron, lo traicionaron, lo ridiculizaron. Atravesó tribulaciones, pero soportó y perseveró hasta el final, demostrando paciencia. Murió, resucitó y hoy está sentado a la diestra del Padre. Su carácter probado y aprobado, nos dio esperanza y acceso nuevamente a la vida eterna.♥

Hoy Dios te invita a ver las cosas que te suceden desde otro ángulo. No todos los tiempos difíciles que llegan a tu vida los envía el diablo, como muchos dicen. Otra famosa práctica que escucho muchas veces, es la de "cancelar las cosas en el nombre de Jesús". Esta práctica es anti bíblica y no ayuda en nada, simplemente han estado utilizando textos bíblicos de manera equivocada.

Como pudimos ver en los pasados capítulos, los tiempos difíciles producen paciencia, y cuando ya somos experimentados en ella, siendo tolerantes los unos con los otros, llega la gentileza.

Autoanálisis de la Evidencia 4: #Paciencia

⁉ Hazte estas preguntas para evaluar si eres paciente y muestras paciencia con los demás:

○   1. ¿Muestras paciencia cuando la voluntad de Dios parece no estar a tu favor? _____

○   2. ¿Utilizas la paciencia como herramienta de aprendizaje? _____

○   3. ¿Eres paciente con tu prójimo con el fin de mostrarle el carácter de Cristo? _____

✅ "Godlist" para Redes Sociales: ¿Dios publicaría, compartiría o le daría like a esto?,

"Siempre humildes y amables, pacientes, tolerantes unos con otros en amor" Efesios 4:2 NVI

     Antes de dar like o share al post de alguien, piensa:
○   ¿Esa publicación muestra paciencia para con los demás?
○   ¿Muestra tolerancia para el prójimo?
     Antes de publicar un post, analiza:
○   ¿Lo que voy a hacer demuestra la paciencia de Dios en mi vida?
     Antes de comentar en una publicación, evalúa:
○   ¿Demuestro paciencia aun cuando no estoy de acuerdo con lo que mi prójimo expone?

🕊 Pasos a seguir para desarrollar paciencia:

○   1. Da gracias a Dios y ora. Romanos 4: 6-7

○   2. Mira los tiempos malos como maestros, ya que son los que producen paciencia. Romanos 5:3

○   3. Persevera aunque sientas que no puedes más, solo cuando sabes que vas por el camino correcto. Romanos 5:4

💬 Recuerda:

Si te has identificado con alguna parte de este capítulo, si has atravesado o estás atravesando, alguna situación que está desarrollando en ti la #paciencia de Dios, compártelo en tus Redes Sociales con las etiquetas:

| #Diosenlasredessociales | #SoyLaEvidencia | #paciencia | #pacienciaDRS |

EVIDENCIA 5

#GENTILEZA

*"En cambio, la clase de fruto que el Espíritu Santo produce en nuestra vida es: amor, alegría, paz, paciencia, **gentileza**..."*

Gálatas 5:22 NTV

¡ENHORABUENA! 🚿 Has llegado al capítulo más corto del libro.

Algunas de las definiciones más básicas para describir a una persona que posee gentileza, es que es amable, cortés y que muestra respeto por los demás.[1] En la vida he conocido a muchas personas que son así.

Mi amiga Mara Medero es una de ellas. La conocí en mi antiguo empleo y desde el primer día se ofreció a ayudarme, fue mi adiestradora y mentora. Mara es cortés por naturaleza, siempre es amable y por encima de cualquier cosa, siempre muestra respeto por los demás. Aunque la vida nos ha separado físicamente, Mara ocupa un lugar muy especial en mi corazón y en nuestra familia. ¡Con ella aprendí tantas cosas!

🏠 **Todo debe comenzar en casa** ▶

LAS MUJERES SOMOS un poco difíciles 😄. Nuestros niveles hormonales nunca están en orden y además de eso, nuestra tendencia a pensar en muchas cosas a la vez, puede volver locos a los hombres. Y yo, además de difícil, en ocasiones soy terca como una mula 🐂.

Por eso, una de las personas a quien más admiro en esta tierra, por su gigantesco grado de gentileza es a mi esposo Carlos. ¡Definitivamente él merece el premio al mejor esposo del mundo! No solo es amable y cortés conmigo, sino que tiene una habilidad sobrenatural de perdonar mis ofensas inmediatamente. ¿Cómo rayos lo hace? Yo, tengo que esperar un tiempo para que se me pase el enfado, pero Carlos demuestra una gentileza extrema conmigo cuando estoy molesta o cuando "saco a pasear" la mujer difícil y terca que vive en mí.

Espero no ser la única y que, si eres mujer y estás leyendo esto, te identifiques conmigo. ¡Cuando nos da con repetir las cosas nos volvemos insoportables! ¿Imaginas que en lugar de ser nosotras las que formamos "cantaletas", sean nuestros maridos los que nos hablen, sin siquiera mostrar intención de hacer una pausa para llenar nuevamente de aire sus pulmones?

Creo que ya has podido llegar a donde quería ubicarte. Así nos comportamos cuando queremos llevar un mensaje a nuestros esposos, pero esa no es la manera correcta de comunicarnos con ellos; al contrario, esa es la forma ideal de empujarlos a que se cansen de nosotras y vivan infelices.

Creo que de hoy en adelante, debemos comenzar a practicar la gentileza en nuestras vidas, especialmente en nuestras familias, que es en donde todo debe estar en orden primero, para luego poder aplicarlo a las diferentes áreas de nuestra vida.

✳️Todo debe comenzar en casa. No podemos ser cristianos en la calle mientras dejamos a Jesús fuera de nuestro hogar.

TODO DEBE COMENZAR EN CASA.

NO PODEMOS SER **CRISTIANOS** EN LA CALLE MIENTRAS DEJAMOS A **JESÚS** FUERA DE NUESTRO **HOGAR.**

ask

No puedes ser cristiano y rudo a la vez

LA ÚLTIMA PERSONA de la que quiero hablarte, por su increíble manejo de este distintivo del fruto del Espíritu, es nuestro pastor Carlos M. Agosto Toledo. Tuve la oportunidad de servir, junto a mi esposo Carlos, en su hermosa comunidad de fe llamada *Centro de Vida Internacional*, en el pueblo de Caguas, Puerto Rico. Puedo decir, sin temor a equivocarme, que Carlos Manuel es un gran ejemplo de un cristiano íntegro que vive y da fe de que el fruto del Espíritu es real, en la vida de quienes creen en Jesús.

Mi esposo Carlos describe al Pastor Carlos Manuel de la siguiente manera:

"Ante momentos difíciles dentro de su vida, tanto en el ministerio como personalmente, Carlos Manuel siempre sabe cómo tratar a las personas. Los hace sentir especiales, amados, respetados y valorados. Esa es una de las cosas que más amo de mi pastor y mi amigo Carlos Manuel. No puede existir coherencia en alguien que dice ser cristiano pero que trata a los demás de manera ruda y descortés. Carlos Manuel es vivo ejemplo de lo que significa ser cristiano de una sola pieza."

Contestando amablemente y demostrando respeto por los demás, demostramos que Dios vive en nuestro corazón, y en adición, creamos una atmósfera de paz que invita a otros a conocer al Dios en quien creemos.

Autoanálisis de la Evidencia 5: #Gentileza

⁉ Hazte estas preguntas para evaluar si eres gentil y muestras gentileza con los demás.

○ 1. ¿Eres gentil aun cuando estés pasando por momentos difíciles?

_____

○ 2. ¿Demuestras la gentileza de Cristo con aquellos a quienes el mundo rechaza? _____

_____

○ 3. ¿Las personas más cercanas a ti pueden afirmar que la gentileza de Cristo vive en ti?

_____

✅ "Godlist" para Redes Sociales: ¿Dios publicaría, compartiría o le daría like a esto?

"Dado que Dios los eligió para que sean su pueblo santo y amado por él, ustedes tienen que vestirse de tierna compasión, bondad, humildad, gentileza y paciencia". - Colosenses 3:12 (NTV)

Antes de dar like o share al post de alguien, piensa:
○ ¿Eso que me gustó o que voy a compartir, trata con gentileza a los demás?
Antes de publicar un post, analiza:
○ ¿Con esta publicación, soy gentil con aquellos que difieren de mí?
Antes de comentar en una publicación, evalúa:
○ ¿Con este comentario, demuestro la gentileza de Dios con los que no lo conocen?

🖐 Pasos a seguir para desarrollar gentileza:

○ 1. Sé amable con los demás sin importar cómo son ellos contigo.
Se trata de quién eres tú, no de quiénes son ellos.
Proverbios 15:1, Filipenses 4:5
○ 2. Cuida tu hablar hacia ti mismo y hacia los demás, especialmente con los que no creen en Cristo. Colosenses 4:5-6, Proverbios 16:24
○ 3. Evita juzgar a los demás. Romanos 14:13
○ 4. Haz el bien a todos siempre que puedas. Gálatas 6:10
○ 5. Sé hospitalario. Hebreos 13:1-2

🔴 Recuerda:

Si te has identificado con alguna parte de este capítulo, si has atravesado o estás atravesando, alguna situación que está desarrollando en ti la #gentileza de Dios, compártelo en tus Redes Sociales con las etiquetas:

#Diosenlasredessociales | **#SoyLaEvidencia** | **#gentileza** | **#gentilezaDRS**

EVIDENCIA 6

#BONDAD

*"En cambio, la clase de fruto que el Espíritu Santo produce en nuestra vida es: amor, alegría, paz, paciencia, gentileza, **bondad**..."*

Gálatas 5:22 NTV

ES IMPORTANTE RECALCAR que, el primer paso para poder vivir y reflejar el fruto del Espíritu, es haber aceptado al Señor como Salvador. Esto debe haber ocurrido de forma genuina, como resultado de un arrepentimiento verdadero y de una intención real de volvernos a Dios.[1] De lo contrario, nuestra vida no podrá ser realmente transformada.

Una persona que se arrepiente genuinamente, comienza a vivir una vida que agrada a Dios. Sus acciones, incluyendo ser bondadoso, son un resultado de su intimidad con el Señor.[2] Poseer y demostrar el Fruto del Espíritu, es el resultado de vivir en real comunión con Dios y no de decir de "boca para afuera": Soy cristiano.

Vivimos en unos tiempos en donde le damos más enfoque al pecado que a la bondad.

COMO YA SABEN, conocí de Dios en mi niñez cuando mis padres me llevaban a la Iglesia Católica. Allí me bautizaron, me llevaron a hacer la primera comunión, y hasta hice el sacramento de la confirmación por voluntad propia. Dejé de asistir cuando quedé embarazada 🥺 porque me sentía rechazada.

Recuerdo un día en el que entré a una iglesia, y las miradas de todos parecían decir: ¡Acaba de entrar el mismísimo diablo!. Yo sabía que había pecado, estaba muy arrepentida de haberlo hecho mal, pero las actitudes de la gente no me ayudaban.

Lamentablemente, hoy en día eso continúa ocurriendo en la mayoría de las denominaciones. Se nos olvida que Jesús no vino a condenar, sino a salvar como ya lo aprendimos en capítulos anteriores. En lugar de restaurar, actuar con misericordia y amor, lo que hacemos es juzgar y lastimar más en la herida del pecador. ¿Es esto necesario?

Hoy en día, continuamos atacando más al pecado visible que el pecado que no se ve. Eso, lamentablemente, no permite que algunos líderes en las iglesias sean vistos como íntegros y neutrales, pues les dan relevancia a los pecados, dependiendo de cómo fue y quién lo hizo. Para ser líderes efectivos en nuestras iglesias, primero debemos tratar a todos por igual.

Dejé de congregarme, pero en mi hogar siempre me mantuve buscando de Dios. Oraba, leía la Biblia y mientras eso sucedía comenzaba a llenarme de muchas interrogantes.

La bondad, en Gálatas 5:22, se traduce como "Tratar bien a los demás".[3] Con mi ejemplo del embarazo fuera del matrimonio 🤰, voy a explicarles varias cosas acerca de esta definición de bondad, atada a la integridad del líder eclesiástico, y los pecados visibles vs. los no visibles.

Al quedar embarazada fuera de matrimonio (pecado visible), me miraban mal 😡, no querían interactuar conmigo, y

PARA SER **LÍDERES EFECTIVOS** EN NUESTRAS **IGLESIAS,** PRIMERO DEBEMOS' TRATAR A TODOS **POR IGUAL.**

ask

hasta me llamaban maldita.

Recuerdo la última vez que fui a la iglesia. Mientras mi madre hablaba "en secreto" con una señora acerca de la "desgracia" de convertirme en madre tan joven, la señora le decía: "*Ay bendito, con lo inteligente que era. ¿Qué le pasó a tu hija? Pobrecita, acaba de tronchar su futuro. Con tan buenos padres que son ustedes. Es una ingrata*💀. *Yo siendo tú, la boto de tu casa para que aprenda, o la puedes llevar a abortar, para que nadie se entere*".

Las palabras de esta mujer no estaban lejos de mi realidad: Tengo unos excelentes padres y me había comportado como toda una ingrata. Sin embargo, escucharla decir que era mejor que me "botaran" de casa y que me llevara a abortar, para evitar que la gente se enterara, no eran unas palabras que debían estar saliendo de alguien que dice ser cristiano - sí, porque nuestros hermanos Católicos son cristianos - , si las colocamos en justa perspectiva con la definición de bondad.

Por otro lado, en el barrio había otra muchacha que también había quedado embarazada fuera de matrimonio. Ella abortó y nadie se enteró, por tanto, no era una muchacha "mala" ante la sociedad.

Me pregunto, ¿cómo estamos tan ciegos, que nos atrevemos a juzgar severamente a los demás por sus errores visibles? Tanto ella como yo, habíamos cometido el mismo error, pero ella eligió el camino fácil para evitar enfrentar el "qué dirá la gente", mientras que yo elegí **vida** a pesar de que sabía que me enfrentaría a una tonelada de críticas y rechazo. 👻

Lo mismo sucede con los chismes. No le damos el mismo peso ⚖️ que a los demás pecados que comúnmente condenamos, y en muchas congregaciones no lo tratan con la misma dedicación que a un pecado visible. Pasan por alto el pecado del chisme, sin tomar en cuenta que esto puede hacer que se divida la congregación, o peor aún, que se destruya, por causa de un incendio causado por labios chismosos.[4]

Líderes: ¿Actúan con bondad e integridad cuando permiten que en sus congregaciones, en lugar de ayudar a levantar y restaurar al caído, se juzgue y critique, cuando Jesús mismo nos dijo que no vino a condenar a la gente, sino a salvarla? ¿Qué ejemplo de bondad estamos mostrando cuando permitimos que esto suceda? ¿Creen que la disciplina prolongada es lo que habría hecho Jesús?

Te invito a que tratemos bien a los demás, aunque hayan pecado, pues eso era lo que hacía Jesús en sus ejemplos de bondad. El pecado fue contra Dios, no contra nosotros. Y si esa persona ya se arrepintió de corazón, Dios ya le perdonó, mientras que tú sigues preso de una amargura que no te corresponde llevar.

Cuando todos querían apedrear a la mujer adúltera, Jesús, el único que podía condenarla, pronunció perdón a través de sus palabras y acciones (Juan 8:1-11). Te invito a que hagamos lo mismo.

He conocido a muchas personas que han mostrado una bondad desinteresada. A continuación, algunas de ellas:

• Ramón Caraballo, Lydia A. Pacheco, Annette Caraballo, Ángel Rivera (Mis padres, hermana y cuñado). A pesar de mis muchos errores, me ayudaron a levantar para poder salir adelante. Gracias a ellos hoy estoy aquí.

• Sandra Ayala, mi amiga 👭del alma. Siempre ha estado ahí para apoyarme en todo lo que me invento. Ella fue la primera en enterarse de mi libro.

• Cindializ Rosa, amiga 👭 y hermana. Ella ha estado conmigo en la mayoría de estos eventos que menciono en el libro.

CUANDO TODOS QUERÍAN APEDREAR A LA MUJER ADÚLTERA, JESÚS, EL ÚNICO QUE PODÍA CONDENARLA PRONUNCIÓ PERDÓN A TRAVÉS DE SUS PALABRAS Y ACCIONES.

ask

- Carmen Tirado y Rosayda Dávila, madrinas de boda👰👰. La vida no bastará para agradecer a Dios todo lo que estas mujeres han hecho para bendecirnos como matrimonio sin esperar nada a cambio.

- Doris Hall. Me ayudaba a buscar a mis hijas a la escuela cuando no teníamos familiares cerca. Se convirtió en otra madre para mí.💙

- Angel L. De Jesús. Se ofreció para regalarme un pasaje ✈️ de ida para mí y mi amado, para hacer el sueño realidad de llevar a Carlos a *New York*, en nuestro 5º aniversario de bodas.

- Rita y Santos Rodríguez. Nos ayudaron con la mudanza de Puerto Rico a Estados Unidos, cuando más lo necesitábamos. Más que amigos, son hermanos. Ellos católicos, nosotros protestantes; nos une Su sangre.

- Pedro Guadalupe. Se ofreció para ayudarnos con los artes de nuestro negocio *ASK Leadership Team*.🎉

- Janice Rodríguez. Amiga y hermana en Cristo, se ofreció a traducir este libro al idioma inglés.😎

- Moisés Cancel y su esposa Yarelis I. Álamo. Se presentaron en uno de los primeros eventos de *ASK* viajando casi 4 horas en auto.🚗

- Marcos López. Desinteresadamente nos invitó a participar en su revista y a hacernos varios videos y artes para *"La Teología de la Calle"*. Diseñador de la cubierta de este libro y quien me dio la idea del subtítulo del libro.📖

Podría seguir mencionando personas, pero no terminaría. Todas estas personas me han apoyado a mí o a mi esposo, de manera desinteresada. Ellos saben lo que significa el tratar bien y servir desinteresadamente a los demás. Cada uno de ellos ha sido de bendición a mi vida, la de mi familia y ministerio.

Ser bondadosos es de las mejores acciones que podemos tener hacia los demás. Cuando lo somos desinteresadamente, imagino a Dios sonreír desde el cielo, recibiendo esto como un servicio de adoración.

Autoanálisis de la Evidencia 6: #Bondad

⁉ Hazte estas preguntas para evaluar si eres bondadoso y muestras bondad con los demás.

○ 1. ¿Muestras bondad con aquellos que son diferentes a ti?
_____

○ 2. ¿Los demás pueden ver en tus acciones la bondad de Dios en tu vida?_____

○ 3. ¿Sigues siendo igual de bondadoso con personas con las que estás en desacuerdo?_____

_____

✓ "Godlist" para Redes Sociales:
¿Dios publicaría, compartiría o le daría like a esto?

"Más bien, sean bondadosos y compasivos unos con otros, y perdónense mutuamente, así como Dios los perdonó a ustedes en Cristo."
Efesios 4:32 NVI

Antes de dar like o share al post de alguien, piensa:
○ ¿Este post es bondadoso con los que me rodean?
Antes de hacer una publicación, analiza:
○ ¿Soy bondadoso aun cuando comparto mis propias opiniones?
Antes de comentar en una publicación, evalúa:
○ ¿Trato a mi prójimo con la misma bondad con la que Dios me trata a mí?

⧉ Pasos a seguir para desarrollar bondad

○ 1. Perdona a los demás. Efesios 4:32
○ 2. Haz el bien aunque te hagan el mal. Romanos 12:21
○ 3. Haz el bien a todos siempre que puedas. Gál. 6:10
○ 4. Comparte tus bendiciones con otros. Mateo 5:15-16
○ 5. Sé leal. Proverbios 19:22
○ 6. Sé compasivo. Lucas 6:36
○ 7. Rodéate de buena compañía. 1 Corintios 15:33

● Recuerda:

Si te has identificado con alguna parte de este capítulo, si has atravesado o estás atravesando, alguna situación que está desarrollando en ti la #bondad de Dios, compártelo en tus Redes Sociales con las etiquetas:

#Diosenlasredessociales **#SoyLaEvidencia** **#bondad** **#bondadDRS**

EVIDENCIA 7

#FE

*"En cambio, la clase de fruto que el Espíritu Santo produce en nuestra vida es: amor, alegría, paz, paciencia, gentileza, bondad, **fidelidad** (Fe)..."*

Gálatas 5:22 NTV

EL VIERNES 16 DE MAYO de 2014 fue uno de esos días que cambió mi vida para siempre. Como te contaba anteriormente, en aquel tiempo, yo viajaba, diariamente, desde Adjuntas a Caguas (Puerto Rico) para ir a trabajar. Eso equivale a dos horas y media de viaje en auto por la mañana, y el mismo tiempo por la tarde.

Hacía nueve meses había tomado esa decisión, junto a mi esposo, para poder servir con más regularidad a Dios y tener más tiempo para nuestra familia.

Cuando llegué al trabajo ese día, me di cuenta de que tenía una nota en donde me citaban, en uno de los salones de la oficina, a las 8:00 am. Yo no había recibido ninguna citación anterior, pero días atrás se rumoraba que iban a hacer una restructuración en la empresa, y que despedirían empleados. Por tanto, en ese momento, algo así, hacía pensar lo peor. Fui a la reunión 🐱 y aunque no puedo explicar paso a paso lo que allí sucedió, solo puedo decirles que ese día me dieron una noticia que le cambia la vida a cualquiera: Me había quedado sin empleo, porque mi plaza había sido eliminada🚫.

🕊 Viviendo por fe

ESE DÍA NO LLORÉ. Sentía que Dios me decía: "Todo estará bien, tengo todo bajo control." Aunque no podía ver nada, sentía mucha paz. En el sobre que nos entregaron, escribí unas palabras: *"Da gracias a Dios por quien es, no por lo que da o por lo que quita."*

Lo complicado de la situación es que, después de haber estado viajando, diariamente, durante nueve meses, desde tan lejos para ir a trabajar, habíamos dispuesto todo para trasladarnos a Guaynabo, un pueblo a 15 minutos de distancia del lugar donde trabajábamos. El problema estaba en que la mudanza estaba prevista, justamente, para el día siguiente de mi despido, es decir, el sábado 17 de mayo de 2014.😖

Esa noche mi esposo me preguntó: *"¿Estás segura de que nos debemos mudar ahora? Tú estás sin empleo y yo lo que tengo es un trabajo a tiempo parcial. ¿Cómo vamos a hacer para pagar el apartamento que recién alquilamos? ¿Cómo vamos a vivir?"*

Carlos tenía unas preguntas muy genuinas y reales, debido a la situación que acabábamos de pasar ese mismo día. Esas mismas preguntas ya yo las había contemplado. Con mucha seguridad y paz le dije: *"El Dios en quien creemos no nos dejará solos. Si Él nos movió y permitió que lográramos mudarnos a un lugar más cercano, Él tiene todo bajo control y estoy segura de que ya tiene una solución, aunque ahora no la podamos ver."*

Esa noche terminamos de empacar 📦 para poder mudarnos al día siguiente. Acordamos que mientras que Dios resolvía todo, pasaríamos los días en oración, sin contarle a nadie lo sucedido, para no preocuparles. Y así lo hicimos.

Día y noche orábamos, primeramente dando gracias a Dios por quien es, por su amor y porque sabíamos que su voluntad siempre es lo mejor para nosotros. También orábamos por sabiduría para las nuevas decisiones que tendríamos que tomar, como familia, en la búsqueda de un nuevo empleo.

Durante los días siguientes, solicité tres plazas de empleo en la misma oficina, ya que nos habían dado la oportunidad de regresar a trabajar en alguna plaza vacante, si es que lográbamos ser elegidos tras los procesos de selección. Si luego de esas tres semanas no lográbamos volver a trabajar en la compañía, perdíamos la oportunidad de empleo definitivamente.

Las tres plazas que solicité fueron en las mismas oficinas centrales, para poder mantener el beneficio de tener los fines de semana libres, para dedicarle tiempo a Dios y a mi familia.

💼 Una oferta tentadora 🔳

EL 22 DE MAYO DE 2014, recibí una llamada de la Gerente de Recursos Humanos de la oficina. Ella estaba emocionada 😁 porque había una plaza vacante, en uno de los establecimientos en el área de Rexville, en Bayamón, Puerto Rico. Pero yo estaba muy enfocada en hacer la voluntad de Dios para mi vida. 🙏

Luego de orar, Dios me había dicho que no aceptara esa oferta y esto fue lo que le contesté a la Gerente de Mercado, con copia a la Gerente de Recursos Humanos de la empresa. Nota: Algunos detalles fueron cambiados para no divulgar el nombre de la compañía:

"Saludos Olga,

Karen me dejó saber acerca de la posición que tienes vacante de Asistente de Gerente en Rexville. Agradezco en gran manera que pensaras en mí y que tengas esa plaza lista para recibirme, sin necesidad de competir por ella.

Estuve orando mucho y pidiendo dirección al Señor, pues cuando me fui para Home Office, mi decisión estuvo basada en poder tener un balance entre mi vida profesional y mi vida personal/espiritual.

Uno de mis "no negociables" es darle el primado a Dios y poder estar en las actividades de mis hijas, y esto no puedo hacerlo a un 100%, estando en el área de operaciones.

Acabo de solicitar tres plazas vacantes en *Home Office*. Es por ello que te solicité, a través de Karen, si podías esperar a que fuese entrevistada para las plazas que solicité, pues quiero agotar todas las alternativas allá primero. No obstante, comprendo perfectamente la necesidad de llenar urgente la plaza y que no puedas esperar dada la necesidad del negocio.

Continuaré con el proceso de entrevistas en *Home Office*, pues tengo fe de que, en alguna de las plazas que solicité, seré elegida. Si luego de pasar por el proceso de entrevistas no resulto elegida, y aún no has llenado la plaza, o te surge otra, con mucho gusto lo consideraré, pues me encantó trabajar en esta empresa.

Disculpa que no pueda aceptar la oferta ahora mismo, pero quiero tomar la mejor decisión para Dios, el bienestar de mis hijas y mi familia. Por lo tanto, no voy a decidir basada en la desesperación o estando demasiado apresurada.

Sé que Dios no nos dejará solos en este proceso.

¡Bendiciones!

Un abrazo y gracias nuevamente,

Sarinette"

Luego de enviar aquel email ▬, lloré por primera vez, pero con la confianza de que estaba haciendo lo correcto y de que Dios nos iba a respaldar. Y Dios no se equivocó. Nunca lo hace.

Después de aquel correo, fui reclutada en una de las vacantes que solicité, dentro de la misma oficina, con una mejor paga, y manteniendo los beneficios de tener los fines de semana libres, entre muchas ventajas más. Todo esto gracias y gloria a Dios. Era la primera vez que me quedaba sin empleo, debido a la reestructuración de plazas de una compañía, pero Él no me abandonó.

Confiando en Dios en crisis financiera

EN OCTUBRE 2015, me di cuenta de que a mi talonario de ingresos le estaba faltando un 30% de mi salario. Verifiqué con Recursos Humanos y lo que pasaba, es que me estaban embargando esa cantidad, por una deuda que no había sido liquidada tras mi segundo divorcio.

Fui a orientarme y el abogado me dijo que la mejor opción, era declararme en bancarrota. ¿Bancarrota? Esa era una palabra prohibida para mí, y más, cuando la mayoría de mis cuentas pendientes habían estado al día hasta ese momento. Pero en aquella situación, con un treinta porciento menos de mis ingresos, no tendría dinero suficiente para pagar mis compromisos.

En aquel momento, ya había tenido que entregar al banco la propiedad que había adquirido en mi segundo matrimonio, porque después del divorcio no podía pagarla sola, pero ahora, además se sumarían otros pagos por esta deuda que nunca se liquidó en su totalidad.

Pensé en demandar a la otra parte, pero el abogado me dijo que ese proceso, no solo llevaría mucho tiempo, sino que no eliminaría el embargo de inmediato, por lo que la mejor alternativa para recuperar mi salario y quedar libre de una deuda que ya no me pertenecía, era declararme en bancarrota.

En el mes de diciembre lo hice, y no fue hasta marzo de 2016, que el caso fue aprobado y cerrado. Pero eso no fue todo, para poder declararme en quiebra, tuve que pedir dinero prestado porque con todo lo que había sucedido en ese año, no teníamos nada de ahorros. Recuerdo que hablé con quien era mi jefe en aquel momento, y él sin titubeos me los prestó. No eran cientos de dólares, eran miles. Luego de esto, además de ser mi jefe, Gustavo pasó a ser como mi hermano; hasta tenemos el mismo apellido.😄 En él veo a ese hermano que una vez tuve, pero que perdí.

Ese año 2015 fue duro para nosotros: En julio de ese año, invertimos todos nuestros ahorros en un procedimiento in-vitro, para tener hijos👽, que resultó fallido y después, en el mes de noviembre, mi suegro fue diagnosticado con cáncer en el colon.

Pensaba que todo había acabado para mí. Al menos eso es lo que nos hace creer la sociedad cuando alguien se va a la quiebra. ¿Qué más me podía pasar?😭 Nada de ahorros, un suegro con cáncer y un procedimiento fallido para quedar embarazada, que trajo consigo muchas emociones nuevas y difíciles que manejar.💔

El abogado me dijo que, en mi caso, comenzar a recuperar mi crédito era fácil, porque muchas de mis responsabilidades financieras estaban al día, y me recomendó comprar algo en una mueblería para comenzar a trabajar el crédito nuevamente. Así lo hice. Fuimos a la tienda de muebles y compramos una nevera, con la esperanza de poder comenzar desde cero.

Al año siguiente, en marzo de 2017, con mucha fe de que el pago de la nevera diera resultado, fui a una tienda de compra-venta de autos, para ver si me aprobaban el crédito para adquirir alguno. Luego de estar en bancarrota, hacía un año, aquello era una fe ¡sobrenatural!

Al parecer, Dios pudo sentir mi fe, porque ese mismo día, salí de allí con mi auto 🚗, sin necesidad de un codeudor y con un porciento de interés muy bueno para alguien que había pasado por una quiebra.

Solo Dios pudo haberlo hecho.

¿Volverás a creer en Mí?

SI CREÍAS QUE HABÍAS TERMINADO de leer las maravillas que Dios hace, ahora es que esto comienza. Así que, busca una taza de café, té o chocolate caliente ☕, para que disfrutes estas próximas líneas conmigo.

En mayo de 2017, me senté a desayunar con mi hija mayor, para luego ir a buscar su toga de graduación porque finalizaba, ese año, sus estudios de Escuela Superior. Me senté frente a ella y de repente, noté que tenía una masa muy grande en su garganta. La toqué con mis dedos y le pregunté si le molestaba, a lo que me respondió que antes no había tenido molestia alguna, pero que al tocarle sí.

Ese mismo día la llevé al doctor 👨‍⚕️ que, a su vez, la refirió a una endocrinóloga. Gracias a Dios, un paciente había cancelado su cita y así la doctora pudo atender a Krysiarys de emergencia 🚑. Cuando la doctora palpó aquella masa tan grande, la remitió rápidamente a un cirujano que trabaja con esos casos, porque, según ella, era imposible que esa masa desapareciera con medicamentos.

Fuimos al cirujano quien solicitó una biopsia, para determinar si la masa que estaba cubriendo toda la tiroides, era benigna o maligna. Aunque él me dijo que de todas formas había que operar, yo le dije con mucha fe: "Doctor, estamos orando y creemos que, si es la voluntad de Dios, esa masa desaparecerá." Me fui y continuamos orando con fe.

Todo esto ocurrió días antes de su graduación. Ella estaba preocupada porque si la tenían que operar, iba a perderse ese evento único en su vida. Rápidamente notifiqué a nuestro pastor y en la iglesia donde asistíamos comenzaron a orar, junto con nosotros, por un milagro de Dios, siempre conforme a su voluntad.

Días después, fuimos al doctor con los resultados de la biopsia. Él palpaba la garganta de mi hija con asombro. De repente, se gira hacia una pared del consultorio donde había un cuadro que mostraba a Jesús disfrazado de cirujano, en una sala de operaciones, y dijo: "¡Gracias Padre!"

Luego, me miró y me dijo: "¡Realmente eres una mujer de fe! ¡Pueden irse tranquilas porque la masa desapareció por completo!" Creo que mi hija mayor tiene "más vidas que un gato".

¡Gloria a Dios! ¡Dios lo había hecho una vez más!

Otro milagro increíble

EN EL 2018, Dios nos mandó a irnos del lugar que nos vio nacer. Esa voz, de la que antes me burlaba y que ahora escucho, fue la que nos dejó saber que debíamos movernos. No comprendíamos nada, y aunque en nuestra humanidad no queríamos hacerlo, obedecimos. La historia es larga, pero es tan impresionante, que estoy segura de que debes leerla, para que creas, aún más, de que #SoylaEvidencia de un Dios real y que en la actualidad, continúa haciendo milagros.

En julio de 2017, tuve un encuentro con el Señor en medio de una reunión en la oficina de trabajo. Voy a describirlo de la mejor manera, para que intentes imaginarlo con la misma intensidad con la que ocurrió:

Estaba en medio de una reunión cuando de repente, la voz de Dios comenzó a penetrar mi cabeza. Recuerdo cómo los compañeros que estaban en el salón de conferencias hablaban, pero yo solo veía sus labios moverse. Solo escuchaba la voz de Dios diciendo: "*¿Qué haces aquí? ¡Estás desperdiciando tu vida! ¡Estás desperdiciando tu tiempo! ¡Estás desperdiciando los dones y talentos que te he entregado! ¡No te creé para esto, te creé para grandes cosas! ¡Te creé para que hables de mí! ¡Te creé para ser de bendición a otros!*" Imagina esas palabras dentro de tu mente, una y otra vez, en medio del lugar de trabajo que parecía ser lo mejor que había pasado en tu vida.

Comencé a mover mi cabeza, de lado a lado, tratando de decirle a Dios: "*Ahora no, aquí no por favor, estoy en medio de una reunión importante.*" Lo gracioso es, que mis compañeros pensaban que el movimiento de mi cabeza era para desaprobar la propuesta de un evento que estábamos discutiendo.

-"*Sary, ¿no lo apruebas?*", eso sí pude escucharlo perfectamente. Al parecer Dios había enmudecido por un momento.😅

Les dejé saber que eso no era lo que estaba diciendo, e inmediatamente me disculpé, le entregué mi libreta de apuntes a mi asistente y salí del salón de conferencias. La voz de Dios continuaba retumbando en mi cabeza, pero ahora con mayor intensidad.

Me dirigí al baño más cercano y allí entré en el primer cubículo. Cerré la puerta con tanta fuerza, que creo que pudieron escuchar el golpe en toda la oficina. Comencé a decirle a

Dios en voz alta: *"¿Qué quieres de mí, Padre? ¿No ves que estoy en el trabajo? ¿No puedes esperar más tarde?"*. Pero Él seguía repitiendo lo mismo, una y otra vez, para dejarme saber que era necesario que sus palabras llegasen a mí, en aquel lugar.

No podía detener mi llanto 😢 y empecé a sentirme mal de estar allí. Así que, llamé a mi jefe y le dije que necesitaba irme. Ya en mi casa, la voz de Dios seguía retumbando en mi mente. Me quedé dormida mientras lloraba y le conté la historia a Carlos cuando llegó del trabajo.

Ese mismo día, Carlos me dijo que llamara al equipo de John Maxwell y consultara si había alguna oferta para poder certificarme como *Speaker, Coach y Trainer Certificado del Equipo de John Maxwell.* 🎤

Para ponerte un poco en contexto, te explico que hace más de 6 años estaba coqueteando con la idea de certificarme con este equipo. Me apasiona el tema del liderazgo y también el arte de la oratoria, y ya había definido que en eso me quería enfocar, en caso de crear mi propio negocio.

John Maxwell es un experto en liderazgo con más de 80 libros escritos traducidos, en más de 50 idiomas de los cuales ha vendido más de 24 millones de copias. Ha sido nombrado, por más de 6 años consecutivos como el mejor en esta industria a nivel mundial, en donde ha capacitado a más de 5 millones de líderes, en más de 180 países. Además, fue pastor por más de 30 años, y ahora se dedica a compartir lo aprendido y llevar el Evangelio, a través de su equipo, *The John Maxwell Team™*, de una forma totalmente diferente.

Dicho por él mismo en sus múltiples conferencias, las editoriales se dieron cuenta de que sus libros se estaban vendiendo más en librerías no cristianas, y desde entonces ha contestado al llamado de Dios de capacitar líderes empresariales, pero siempre dejando saber que todos los principios de liderazgo que comparte en sus libros, pueden ser validados con la Biblia.

Este trasfondo era lo que llamaba mi atención para formar parte de su equipo, y así poder comenzar a trabajar en el sueño de tener nuestro propio negocio y a la vez compartir el mensaje de Dios por medio de él. Así que, ese día, Carlos me lo propuso y así lo hice. Después de varios años de estar llamando a preguntar y que me dieran el precio regular, ¡ese preciso día había una oferta!

Dios ya me había hablado, en varias ocasiones, para decirme que el sueño no era solo mío, sino que incluía a mi amado Carlos. Pero en aquel momento, solo podíamos pagar la oferta para uno de los dos. Así fue como, en julio de 2017, comencé poco a poco, a pagar una mensualidad para lograr hacer mi sueño realidad, en febrero del 2018.

Al día siguiente, me encontré en un pasillo a mi amiga y compañera de trabajo, Janice Rodríguez. Le conté todo lo que me había ocurrido en aquella reunión el día anterior y que me había podido inscribir en la certificación, tema que había hablado con ella en varias ocasiones.

Pasaron varios días y recibí un email de *El Equipo de John Maxwell*™, ahora con una oferta para familiares y amigos. La oferta era muy tentadora, pero no teníamos el dinero del depósito que había que pagar. Tuve un momento de alegría al pensar que era la oportunidad para que Carlos se matriculara conmigo, pero la realidad era que no podíamos asumirlo. Pasaron los días y la oferta expiró.

A la semana siguiente, mi compañera de trabajo Miladys Pérez me invitó a almorzar. En varias ocasiones, yo había hablado con Miladys acerca de mi interés en certificarme con *El Equipo de John Maxwell*™ y a ella también le interesaba. Le conté que había logrado unirme y de la maravillosa oferta para amigos y familiares que había expirado hacía unos días. Re cuerdo que le dije que si le interesaba me dejara saber, porque podía averiguar si hacían una excepción y le permitían a ella aprovechar la oferta, para que se certificara conmigo.

Yo nunca le había comentado a Miladys que Dios me había dicho que mi sueño incluía a Carlos, así que, su interrogatorio posterior a lo que le acababa de decir, definitivamente vino de parte del Señor😶.

Así fue nuestra conversación:

— Pero ¿Y por qué no aprovechas la oferta y te vas con Carlos?

— La oferta expiró, te lo estoy comentando por si tú quieres ir conmigo.

— Esa no fue la pregunta Sary. Si me pueden activar la oferta a mí, también la pueden activar para Carlos.

— Es que Carlos no puede ir ahora conmigo.

— ¿Pero y por qué? ¿Es por falta de dinero?

Ella insistía como si supiera de lo que hablaba y yo dentro de mí pensaba: Pero, ¿y ella cómo sabe eso? 😧 Continuó:

— Explícame. ¿Si yo te presto el dinero del depósito, tú podrías pagar la mensualidad sin afectar tus compromisos económicos mensuales?

— ¡Pero tú estás loca! 😱 Jamás te pediría dinero prestado.

•• Mirándome fijamente y con una autoridad increíble, me dijo:

— Sary, Dios ha puesto en mi corazón que te preste ese dinero. Quien tiene que ir para esa certificación es Carlos, no yo, Dios tiene grandes planes con ustedes. Luego yo podré ir. Si me dices que no, no me lo estás diciendo a mí, se lo estás diciendo a Dios. 😔

Comencé a llorar 😭 y le dije que primero tenía orar, hablarlo con Carlos y pensarlo. Así que, devolvimos al trabajo y lo que sucedió allí fue más impresionante aún. Miladys buscó a Carlos y nos reunió, para decirle a él lo que Dios había puesto en su corazón.

Carlos me miró, como queriendo decirme: ¿Te atreviste a pedir dinero prestado? 😮 Pero Miladys le dijo: No la mires así, que ella no me ha pedido dinero prestado 😅. Carlos no había emitido ninguna palabra 😐 y Miladys estaba prácticamente "leyendo" su mente. Definitivamente Dios le había hablado y estaba ordenando todo para cumplir Su promesa de que ambos haríamos nuestro sueño realidad.

Esto ocurrió a principios de agosto de 2017, y nuestra certificación sería en febrero de 2018. Viviré eternamente agradecida con Miladys, una compañera de trabajo que, desde ese día, se convirtió en amiga y familia.

Quiero decirles que, justo al día siguiente de hacernos el préstamo, Miladys recibió un dinero que no esperaba, como si Dios estuviese premiando su obediencia. Meses después, ella también pudo certificarse en *El Equipo de John Maxwell™*, tal y como me dijo en aquella conversación.

¿No es Dios maravilloso? 🤯

El huracán María 🌪 cambió nuestro rumbo.

EL 20 DE SEPTIEMBRE DE 2017 nuestra vida cambió para siempre. El Huracán María alteró nuestra historia. Vivíamos en un pedazo de cielo llamado Puerto Rico, mi amada tierra, la que me vio nacer, de la cual vivo orgullosa y a la que representaré donde quiera que vaya.

Dios utilizó este desastre para decirnos: "Es hora de partir de aquí, ahora los necesito en otro lugar". Sin comprender, mi esposo y yo obedecimos.

Comenzamos a hacer preparativos en octubre de 2017 para poder mudarnos a los Estados Unidos, con el corazón roto, ya que nuestra familia se quedaba en Puerto Rico. 💔 Nos fuimos solamente con nuestra ropa 👕👕. Regalamos prácticamente todo y llegamos a USA, solos, con la fe de que Dios tenía un mejor plan para nuestras vidas. El 31 de diciembre de ese año, Carlos se adelantó y viajó primero, mientras yo, sin saber cuándo pasaría, seguía esperando mi transferencia de empleo, para entonces irme.

Debo mencionar que no todo fueron tiempos difíciles. El huracán María 🌀 nos hizo conectar con nuestros vecinos y conocer gente buena de verdad. En donde vivíamos, pudimos conocer a nuestra vecina Mildred, quien con su amabilidad y amor, compartió con nosotros una extensión que cargaba energía, creada por su generador, para que nuestra nevera se mantuviese fría. También conocimos a unos vecinos muy especiales quienes han pasado a ser parte de nuestra familia: Yarimar Delgado y Pedro Santos, les amamos.

Mientras todavía me encontraba en espera de entrevistas para la transferencia de empleo, el 11 de enero de 2018 recibimos una noticia que cambió otra vez nuestros planes: Me quedé sin empleo junto a más de 700 compañeros. Los estragos del Huracán María 🌀 fueron tantos, que nuestro lugar de trabajo decidió "cerrar" sus puertas.

Carlos y yo trabajábamos en el mismo lugar por lo que, si no hubiésemos obedecido la instrucción de mudarnos de Puerto Rico, ambos habríamos perdido nuestro empleo.

Tuve que acelerar los trámites de mudanza, para que

pudiesen aceptar a mi hija menor en el semestre escolar de enero, por lo que teníamos más o menos 15 días para tenerlo todo listo. En esos días mi padre estaba hospitalizado, por lo que la situación se complicaba aún más.

Justo antes de comprar los pasajes, mi amada hija mayor nos dijo que quería quedarse en Puerto Rico por diversas razones. 😢 Con dolor en el alma, tuve que aceptar su decisión y con lágrimas en los ojos comprar solo dos pasajes para Estados Unidos: El de mi hija menor y el mío. Solo me llenaba de consuelo saber que estábamos obedeciendo a Dios.

La historia no termina ahí. En medio del "corre y corre" al hospital, acelerar la entrega de la casa donde vivía, la noticia de que mi hija mayor se quedaba en Puerto Rico, le teníamos que sumar que aún la luz no llegaba al lugar en donde yo vivía, luego de que el huracán María arrasara con todo el tendido eléctrico en toda la isla ⚡. La energía eléctrica llegó el 15 de enero, 4 meses después del paso del huracán María.

En medio de todo ese dolor y cambio, hubo amistades que se ofrecieron a ayudarnos tan pronto como se enteraron de nuestra situación. Amistades a las que la vida no nos bastará, para agradecer lo que hicieron por nosotros. Fueron muchas las personas que sabiendo nuestra situación, no solo no dudaron en orar por y con nosotros, sino que ofrecieron sus manos para ayudarnos a empacar lo más pronto posible. Ellos saben quiénes son. Les amamos con todo nuestro corazón.

Llegué a Bentonville, Arkansas un 25 de enero de 2018. Cuando abracé a Carlos, luego de casi un mes de no verlo, literalmente sentí a Dios en aquel abrazo, como nunca antes.Yo estaba sin trabajo pero con el sueño de crear nuestro negocio, para bendecir la vida de muchas personas mediante él. Llamamos al Equipo de John Maxwell para explicar nuestra situación, y ellos nos apoyaron, extendiendo nuestro plan de pago y recibiéndonos en la certificación en febrero, aunque no hubiésemos terminado de pagar la totalidad de ambas certificaciones.

Durante tres meses dormimos en un colchón en el suelo y el eco que sonaba cuando hablábamos era increíble. Fue un tiempo hermoso donde pudimos darnos cuenta de que *para ser feliz no hace falta una casa llena de cosas materiales sino un hogar lleno de amor.*♥

En febrero de 2018, nos dirigimos a la *Certificación Internacional de John Maxwell* en auto 🚗. Viajamos 17 horas para ir y otras 17 para regresar, porque no teníamos dinero para pasajes de avión ✈️. Sin importar el sacrificio, y con un llamado claro en el corazón, lo hicimos.

Esto que te acabo de contar, no es ni una cuarta parte de lo que hemos vivido como matrimonio, pero, ¿sabes algo? en medio de tantas dificultades, es cuando más hemos visto a Dios obrar en nuestras vidas, y más hemos crecido, para la gloria de Dios.

No solo pudimos hacer realidad nuestro sueño, sino que hemos conocido a gente maravillosa que nos ha apoyado y que se han convertido en familia. Aunque extrañamos a nuestra gente en Puerto Rico, hoy miramos atrás y damos gracias a Dios por ellos 😇 y por nosotros haber aprendido a tener fe, aunque no se pueda ver nada por delante.

Hay gente que nos ha preguntado qué se siente construir un sueño. La mayoría ve la "gloria" pero no conoce los sacrificios, en fe, que hay que hacer, para poder ver un sueño realizado. Hay algunos que, desconociendo las decisiones difíciles que hemos debido tomar, incluso critican a quienes soñamos y luchamos por hacerlos realidad.

Para alcanzar un sueño hace falta una sobredosis de fe. Alcanzar sueños no es de cobardes sino de valientes que no se rinden.🙌

PARA ALCANZAR UN SUEÑO HACE FALTA UNA SOBREDOSIS DE FE. ALCANZAR SUEÑOS NO ES DE COBARDES SINO DE VALIENTES QUE NO SE RINDEN.

ask

El sueño se llamó *ASK* ?••✊

EL HURACÁN MARÍA, nos hizo crecer, salir de nuestra zona de comodidad como familia y alcanzar nuestro sueño de crear *ASK Leadership Team* (*ASK* ?••✊).

ASK ?••✊ es un negocio del reino de Dios porque está fundado sobre principios bíblicos para llevar la palabra de Dios en todo lo que hacemos. Brindamos conferencias, talleres y capacitaciones, y en todas ellas, buscamos presentar el Evangelio, tanto explícita, como implícitamente.

El nombre de *ASK* ?••✊ nace de Mateo 7:7 en la Nueva Versión Internacional, en inglés. La **A** viene de *Ask*, la **S** viene de *Seek* y la **K** viene de *Knock*. **Ask** ?, **Seek** ••, **Knock** ✊ (pidan ?, busquen ••, llamen ✊).

*"**A**sk and it will be given to you; **s**eek and you will find; **k**nock and the door will be opened to you."*

En español:

"Pidan, y se les dará; busquen, y encontrarán; llamen, y se les abrirá."

En *ASK* ?••✊ queremos ser la respuesta a los interrogantes de las personas, para ayudarles a crecer y desarrollarse personal, profesional y espiritualmente. Nuestra misión es que mediante nuestras capacitaciones o charlas de liderazgo, enfocadas en diferentes áreas, podamos ayudar a empresas, individuos e iglesias, a abrir puertas de bendición en esta tierra.

Estoy segura de que *ASK* ?••✊ no hubiese nacido, o hubiese tardado un poco más, si el huracán María no hubiese pasado por Puerto Rico. Lo más probable es que ahora mismo estuviese haciendo un reporte para una reunión en el trabajo, sin tiempo para mí, para Dios, ni para mi familia. En ocasiones necesitamos huracanes en nuestras vidas, para que podamos aprender a caminar y vivir por fe y no por vista como menciona la Biblia en 2 Corintios 5:7.

Luego de crear *ASK Leadership Team*, llamé a varias personas y empresas para que nos apoyaran en el lanzamiento, que estaba programado para hacerse en el mes de abril 2018. Recuerdo que la primera empresa a quien contacté fue a *Boys & Girls Club Puerto Rico* (*BGCPR*). ¿Recuerdas a Olga, la Market Manager de la antigua empresa en donde laboraba, que mencioné en el "email enviado", al principio de este capítulo? Pues ella es, en la actualidad, la Presidenta de *BGCPR*.

Tuve el honor de contactarla y presentarle la *Iniciativa Global de la Juventud* de *El Equipo de John Maxwell™*, que estaríamos trabajando en el mes de abril para los jóvenes en Puerto Rico. Sin titubeos me dijo: "Envíame la propuesta, queremos apoyarles y que nuestros niños reciban las capacitaciones". Tuve el honor de capacitar en liderazgo a más de 130 jóvenes en diferentes Clubes de *BGCPR*. De ahí en adelante, nos comprometimos en ayudar a la juventud que vive en niveles de pobreza, a través de *BGCPR*.

¡Y tú también estás aportando a esto!, ya que, gracias a la compra de este libro, BGCPR recibe una porción para los niños y jóvenes que viven en pobreza. Doy gracias a Dios por ti y gloria a Él por esto que estamos haciendo. ¡Tú eres parte de ello! 😇😍

La adversidad produce FE

TODO ESTO QUE HE VIVIDO, y haberme atrevido a dar muchos pasos de fe, junto a mi esposo, no ocurrió de la noche a la mañana. He tenido que poner en práctica los primeros descriptivos del fruto del Espíritu, para hoy poder vivir en fe:

He tenido que **amar** y **perdonar** a quien me ha odiado;

pasar por angustia para reconocer la **alegría**. He tenido que pasar por tiempos difíciles para poder valorar la **paz**, comprender que la experiencia de esos tiempos difíciles produce **paciencia** y tolerancia. He tenido que practicar la **gentileza** en mi hogar para luego esparcirla al mundo y aprender a tratar bien a los demás desinteresadamente, aunque no sepa si recibiré el mismo trato de ellos.

Como dice uno de mis autores favoritos, José Luis Navajo: "Nunca los mares en calma forjaron marineros hábiles. Las grandes crisis encierran las mayores oportunidades. La gracia a veces viene envuelta en desgracia".[1]

Dios nos ha estado preparando, a mi esposo y a mí, desde el primer día en que le entregamos nuestra vida y que nos unió. Cuando decidimos casarnos, también prometimos poner nuestro matrimonio en las manos de Dios.

Lamentablemente, hoy en día, *muchas personas no desarrollan una plena relación con Dios, ni su máximo potencial y propósito en Él, por falta de fe.* Viven esperando que Dios haga por   ellos, lo que a ellos les corresponde hacer como humanos. *Dios nos da la capacidad y el talento, está en nosotros ponerlo al servicio de los demás para ser de bendición a sus vidas.*

Decir que amamos a Dios pero no actuar creyendo que Él está en perfecto control de nuestras vidas, es no tener fe en Él en lo absoluto. Te invito a que, de hoy en adelante, actives tu fe en Dios, y comiences a caminar hacia Su llamado para tu vida.

Escribir este libro es un acto de fe, pues no soy ni teóloga renombrada ni experta en manejo de redes sociales, lo único que sé es que Dios me dio el título del libro y me llamó a escribirlo. Estoy escribiendo en fe. No sé a cuántas personas voy a llegar, lo que sí sé es que si Dios me dio la instrucción, aunque sea a una persona llegará, para bendecir su vida y glorificar el nombre del Señor.👣

Recuerda siempre que, aunque tú no te sientas capacitado para hacer algo, si Dios te llamó y escogió, Él te preparará y se glorificará en tu encomienda.[2] Tu fe se mostrará, en tu vida y redes sociales, en la medida en que comiences a creer completamente en Dios. No temas y cree en las promesas de aquel que te llamó.👣

RECUERDA SIEMPRE QUE, AUNQUE TÚ NO TE SIENTAS CAPACITADO PARA HACER ALGO, SI DIOS TE LLAMÓ Y TE ESCOGIÓ, ÉL TE PREPARÁ Y SE GLORIFIARÁ EN TU ENCOMIENDA.

ask

Autoanálisis de la Evidencia 7: #Fe

⁉ Hazte estas preguntas para evaluar si eres una persona de fe y contagias tu fe a los demás:

○ **1. ¿Confías todos tus pasos en Dios, a ciegas?** _____

○ **2. ¿Utilizas los momentos duros para arraigar, aún más, tu fe en Dios?** _____

○ **3. ¿Hablan tus redes sociales de una fe que, aunque no ve, confía en un Dios soberano?** _____

_____

"Godlist" para Redes Sociales:
¿Dios publicaría, compartiría o le daría like a esto?

"Vivimos por fe, no por vista". - 2 Corintios 5:7 (NVI)

Antes de dar like o share al post de alguien, piensa:
○ ¿Esa publicación ataca la fe de los demás?

Antes de hacer una publicación, analiza:
○ ¿Lo que voy a publicar edifica la fe de mi prójimo?

Antes de comentar en una publicación, evalúa:
○ ¿Me aseguro de reflejar mi fe en Dios?

⸙ Pasos a seguir para desarrollar fe:

○ 1. Lee la Biblia. Romanos 10:7
○ 2. Ama a tu prójimo. Esa es la forma visible de demostrar que puedes amar y poner tu fe en un Dios invisible. 1 Juan 4:20
○ 3. Confía en que Dios cumplirá su Palabra. 1 Corintios 1:9
○ 4. Comparte con otros creyentes. Mateo 18:19-20
○ 5. La fe es un verbo, así que actúa y bendice a otros. Santiago 2:14-17

● Recuerda:

Si te has identificado con alguna parte de este capítulo, si has atravesado o estás atravesando, alguna situación que está desarrollando en ti la #fe de Dios, compártelo en tus Redes Sociales con las etiquetas:

#Diosenlasredessociales   **#SoyLaEvidencia**   **#fe**   **#feDRS**

EVIDENCIA 8

#HUMILDAD

*"En cambio, la clase de fruto que el Espíritu Santo produce en nuestra vida es: amor, alegría, paz, paciencia, gentileza, bondad, fidelidad, **humildad**..."*

Gálatas 5:22-23 NTV

Jesús, el mejor ejemplo de humildad

LA PALABRA HUMILDAD me lleva automáticamente a pensar en Jesús:

• Era Dios y se sujetaba a la voluntad del Padre.

• Era el Mesías y lavaba los pies de sus discípulos,

• Tenía toda la autoridad para acusar a la gente, pero vino para salvarla.

• Era bueno y pasaba la gloria de ese adjetivo al Padre.

• Nunca se creyó más que nadie, sino que valoraba a la gente, en especial a los marginados por la sociedad.

Ser humilde no es sinónimo de pobreza material; sino saber quién eres sin que tú mismo lo divulgues. Jesús sabía quién era y aunque anunciaba a los demás que Él era el Hijo de Dios, no lo hacía alardeando, sino enfocado en servir antes de ser servido, especialmente, a los excluidos por la sociedad.

Si me preguntas qué es para mí la humildad, te respondería que es una actitud ante la vida. Para poseer humildad es necesario conocerse a sí mismo y reconocer que lo que logramos, no es por nuestros propios méritos, sino por los de Dios quien nos creó. Fue Dios quien depositó en nosotros los talentos, capacidades y propósitos, para que hoy podamos alcanzar lo que nos propongamos.

He escuchado a un sinnúmero de personas decir: "Vivía en una humilde casa de madera", asociando lo material con la humildad. He conocido a personas altaneras y prepotentes, que viven en lugares que algunos consideran humildes, y también he conocido personas humildes, viviendo en lugares de mucho valor monetario.

Las personas humildes no lo son por sus bienes materiales, o por lo que pueden o no tener. Tampoco lo son por los estudios cursados, diplomas obtenidos, o por la falta de ellos. Una persona humilde es aquella que teniéndolo todo no presume de ello, sino que lo pone a disposición y al servicio de los demás, en especial de los necesitados. *Humildad es servir a los demás en lugar de querer ser servido, como lo hizo Jesús.*

La humildad está en la actitud

LAS REDES SOCIALES están inundadas de gente que aparenta ser o tener, más de lo que en realidad son o tienen. Se ha disparado una ola de personas que quieren tener influencia a toda costa, sin importar lo que publican, comentan o comparten. Simplemente quieren demostrar que ellos son mejores, sin tomar en cuenta el consejo de Dios de ver a los demás como a sí mismos, y no hacer las cosas por rivalidad u orgullo.[1]

Con esto no estoy diciendo que no publiquemos en nuestras redes sociales nuestros logros, bendiciones y alegrías. ¡Al contrario! Creo que como cristianos es bueno compartir nuestras bendiciones con los demás. Sin embargo, debemos evaluar la motivación que tenemos cuando compartimos nuestras cosas.

UNA PERSONA, **HUMILDE** ES AQUELLA QUE *TENIÉNDOLO TODO* NO PRESUME DE ELLO, SINO QUE LO PONE A DISPOSICIÓN Y AL **SERVICIO** DE LOS DEMÁS, EN ESPECIAL DE LOS **NECESITADOS.**

ask

No es lo mismo escribir una publicación así:

"Acabo de comprarme un auto del año, cero millas, marca BMW **$ $ $***porque yo me lo merezco"*.🤜

A escribir una así:

"Gracias a Dios pude comprar el auto de mis sueños".👏

Podemos medir mejor la humildad de una persona, en los tiempos de éxito que en los de dificultad. Por eso, si evaluamos lo que vamos a publicar, compartir o comentar antes de hacerlo, sabremos si nuestro mensaje es de humildad, o uno lleno de arrogancia. Como ya he mencionado, la humildad está en la actitud. ☺

Vivir en humildad abre las puertas del éxito y de las bendiciones de Dios, siempre que sea de corazón. La Biblia dice que Dios bendice a los humildes.[2] **Cuando tu humildad nace del deseo de agradar y obedecer a Dios, de corazón, Él se encargará de cumplir su promesa de bendecirte.**

Antes de terminar, quiero mencionar a varias personas humildes que Dios ha puesto en mi camino. Ellos, no solo son ejemplos de humildad, sino una demostración de lo que es ser un verdadero creyente:

• Antonio Florido: Tiene más conexiones que cualquier presidente, 😄 pero no se jacta de tenerlas, sino que las pone al servicio de los demás. Es un hombre tan inteligente como humilde. Fue quien me conectó con:

• María De la Cruz: Conoce a muchísima gente, pero no anda haciendo alarde de ello, porque está segura de que #MiDiosConecta. Tiene una gracia sin igual y hoy puedo llamarla amiga.

• Sandra Ayala: Inteligente, luchadora, capaz, y una de las mejores vendedoras de productos de belleza que he conocido. Siempre está dispuesta a servir, con una sonrisa que alegra el día a cualquiera.

• Neysa Simonoff: Si alguien quiere aprender a servir de

corazón, Neysa es la mejor maestra. Se desvive para que los demás estén bien y lo dejó demostrado, luego del huracán María, cuando habiendo perdido muchas cosas materiales, se fue a las calles para servir a su pueblo.

• Shammai Acevedo: Talentosa, hermosa y apasionada por Dios. No dudó en apoyarnos desinteresadamente en nuestro evento en Puerto Rico, en diciembre de 2018.

• Frances M. Torres: Su humildad para aceptar los errores y seguir adelante, es un gran ejemplo para cualquier persona que, a pesar de sus faltas, ha sido llamada por Dios. La vida de Frances me recuerda que nada ni nadie, puede separarnos del amor de Dios.[3]

Por último, mi amado esposo😊. Su humildad le brota por encima de la ropa. Sabe mucho y se hace el que no sabe nada. Ayuda a todos sin esperar que lo ayuden a cambio. De hecho, escribí estas líneas luego de enviarle el primer borrador del libro, porque es capaz de decirme que borre esto. ¿Les cuento un secreto?: Ahora mismo estoy escribiendo esto, mientras él me da un rico masaje en los pies.😏😄

A Carlos no le gusta el protagonismo, ni tampoco le importa lo que piense la gente de él, pues su enfoque es claro: Agradar a Dios, mientras sirve desinteresadamente a los demás. Lo más impresionante de la vida de mi esposo, es cómo, a pesar de que algunos lo rechazan por sus tatuajes, aretes, y su manera poco ortodoxa de vivir el evangelio de Jesús, él permite que su esencia y humildad trascienda por encima de su apariencia. Si deseas conocer a una persona humilde, me encantaría que te dieras la oportunidad de conocerlo. Comete errores como tú y yo, pero como esposo es el mejor.

Me han dicho que no lo diga muy alto porque lo estoy vendiendo, pero a esas personas le digo lo siguiente: Dios me mandó a dar testimonio de lo que Él hace y no puedo callar, creo que hay mujeres que necesitan saber que en la actualidad, aun existen hombres "buenos" y capaces de amar como Dios ama. Y pongo bueno entre comillas, porque Jesús mismo dice que no hay ni uno bueno, porque bueno es Dios, pero ustedes comprenden lo que quiero decir.☺

Él sabe lo que es vivir el fruto del Espíritu completamente. Su experiencia de vida lo ha formado para ser el hombre de Dios que es hoy, para Su gloria. Y yo, soy bendecida de llamarle esposo.👫

Si has llegado hasta aquí, ya debes comprender por qué soy tan feliz. Luego de tantos malos tiempos, tener en casa un hombre humilde, conocedor de las Escrituras, y apasionado por llevar el Evangelio por doquier, me hacen ser la mujer más feliz del mundo. Al menos, así me siento. #Éleselgrande 🖤

Nota: El hashtag #Éleselgrande es mi manera contemporánea de decir: ¡Gloria a Dios! Te invito a usarlo en tus redes sociales. ☺

Autoanálisis de la Evidencia 8: #Humildad

⁉️Hazte estas preguntas para evaluar si eres una persona humilde:

○ 1. ¿Consideras que ser humilde es una característica que todo cristiano debe poseer? _____

○ 2. ¿Eres lo suficientemente humilde para servir a tu prójimo, incluyendo los rechazados por la sociedad?_____

○ 3. ¿Tus redes sociales hablan de la humildad de Dios en tu corazón?

_____

✅"Godlist" para Redes Sociales: ¿Dios publicaría, compartiría o le daría like a esto?

"No hagan nada por egoísmo o vanidad; más bien, con humildad consideren a los demás como superiores a ustedes mismos."
- Filipenses 2:3 (NVI)

Antes de dar like o share al post de alguien, piensa:
○ ¿Esa publicación fomenta la humildad, o la altivez?
Antes de publicar un post, evalúa:
○ ¿Lo que voy a hacer refleja la humildad de Cristo a mi prójimo o sueno orgulloso?
Antes de comentar en una publicación, analiza:
○ ¿Me aseguro de promover la humildad como fruto del Espíritu Santo?

🖐 Pasos a seguir para desarrollar humildad:

○ 1. Acepta aprender de quienes te llevan la delantera. 1 Pedro 5:5-6
○ 2. No te jactes de tus habilidades y capacidades. Habla menos de ti y más de los demás. Romanos 12:3
○ 3. Pon tus talentos al servicio de otros para dar gloria a Dios. 1 Pedro 4:10-11
○ 4. Sométete a Dios y evita la soberbia. Santiago 4:6-8,10
○ 5. Sé como Jesús. Filipenses 2:6-8

⬤ Recuerda:

Si te has identificado con alguna parte de este capítulo, si has atravesado o estás atravesando, alguna situación que está desarrollando en ti la #humildad de Dios, compártelo en tus Redes Sociales con las etiquetas:

#Diosenlasredessociales | **#SoyLaEvidencia** | **#humildad** | **#humildadDRS**

EVIDENCIA 9

#DOMINIO PROPIO

*"En cambio, la clase de fruto que el Espíritu Santo produce en nuestra vida es: amor, alegría, paz, paciencia, gentileza, bondad, fidelidad, humildad y **control propio (dominio propio)**. ¡No existen leyes contra esas cosas!"*

Gálatas 5:22-23 NTV

¡CÚANTA HIPOCRESÍA SOPORTAN las redes sociales! ¿Acaso no es hipocresía comunicar que amamos a Dios, pero que nuestras acciones en privado no lo demuestren?‼️

Como diría Jesús:

"¡Qué mal les va a ir! Se supone que ustedes deben enseñar al pueblo a obedecer a Dios, pero ni ustedes mismos lo hacen". Mateo 23:16 TLA

Que nuestras redes sociales sean un reflejo de nuestra intimidad con Dios, y no un espejismo superficial, lleno de hipocresía, en donde decimos que amamos a Dios, pero nuestras publicaciones y nuestra vida no lo demuestran.🧑

Cuando tenemos dominio propio no perdemos los estribos ante la primera dificultad o problema que se nos presenta, ni nos enojamos fácilmente.[1] Esto aplica a cómo reaccionamos cuando alguien publica algo en las redes sociales, con lo que no estamos de acuerdo, o algo que sabemos que se ha publicado malintencionadamente.

Para poder dominarnos a nosotros mismos, es necesario que asumamos el 100% de la responsabilidad de nuestros actos, y de cómo respondemos ante las cosas que nos suceden. Si vamos por la vida, echándoles la culpa a los demás por lo que nos sucede, por lo que hacemos, o por lo que dejamos de hacer, lo que estamos diciendo es que son ellos quienes tienen el control sobre nuestra vida.

¿Quién tiene la culpa?

IMAGINA ESTA SITUACIÓN:

Te estás preparando para pasar una velada romántica con tu pareja. Te acicalas y preparas para la mejor noche de tu vida. Se dirigen al auto para irse al restaurante y de repente, el auto no quiere encender porque, al parecer, la batería se quedó sin carga.

En lugar de buscar otras alternativas, comienzas a quejarte y a maldecir, porque no es posible que te esté pasando eso. Con tu actitud pones de mal humor a tu pareja y te das cuenta de que su expresión ya no es la misma que tenía cuando se dirigían al auto. Entonces le preguntas por qué tiene esa cara, (obviamente la tiene por tus quejas y actitud) y te responde que no le pasa nada. Te molestas porque dice que no le pasa nada, y al final, te deja saber que ya se desanimó para ir a la velada.😒

¿Quién tiene la culpa?

a.   Tú, por la actitud que adoptaste.

b.   Tu pareja, porque encima te hace caras.

c.   El auto, porque no quiso encender.

¿Ya respondiste? ¿Te resulta familiar la escena?

Si te sientes identificado con este ejemplo, significa que debes trabajar con tu dominio propio. Personalmente he tenido que esforzarme mucho en esta área en mi vida. Por todo lo que había vivido, hubo un punto en el que me convertí en una persona llena de amargura. Como ya les conté, la gente me veía feliz, pero por dentro estaba deshecha.😫 Era altanera y le respondía de mala gana a quien "me pusiera de mal humor" porque pensaba que todos tenían la culpa, excepto yo.

No sé qué hubiese sido de mí si Dios no me hubiese encontrado. Hoy día puedo disfrutar de paz, gracias a que Dios ha ido trabajando esta parte de mi vida, y continúa trabajándola cada día más.

Han llegado personas a mi vida con esta área tan desarrollada, que me han enseñado a ser mejor cada día. Una de esas personas es el pastor y amigo Antonio Florido. Él, #EslaEvidencia del dominio propio, nada lo hace salirse de sí mismo, es paciente, amable, y con una habilidad para perdonar que invita a que los demás quieran conocerle.😊

Hace unos meses Antonio me puso en contacto con otra persona que admiro, y que también posee no solo humildad, sino también dominio propio. Ella es María De la Cruz. Recuerdo el día en que me llamó para presentarme a la fundadora de *MDConexiones*. Me dijo que me llamaría para presentarme a alguien especial, que iba a lanzar una empresa, al igual que yo. Aquella llamada estuvo llena de lágrimas de alegría y agradecimiento.🙌

Cuando María comenzó a contarme de la historia del negocio que iba a lanzar próximamente y yo le hablé de la mía, me dijo que nos iba a apoyar en todo lo que estuviese a su alcance y nos compartió un versículo, que le habían compartido a ella. Me dijo: este versículo me lo dio una persona muy especial, pero no es solo para mí, quiero que también lo hagas tuyo. El versículo es el siguiente:

"He aquí, llamarás a gente que no conociste, y gentes que no te conocieron correrán a ti, por causa de Jehová tu Dios, y del Santo de Israel que te ha honrado" Isaías 55:5 RV-60

Increíblemente, y para la gloria de Dios, así ha sido. Mientras escribo esto, mi negocio tiene solo diez meses de vida y nos contactan de diferentes lugares para que brindemos nuestros servicios. María se convirtió en nuestra amiga, y hoy en día, tanto Antonio como ella, nos ayudan a alcanzar muchas de nuestras metas y nos enseñan a mantener la compostura en tiempos de dificultad. ¡Damos gloria a Dios por sus vidas!🙌

No te compares con los demás

PARA PODER TENER DOMINIO propio hace falta la humildad de la que hablamos en el capítulo anterior, y también, la capacidad de no compararse con los demás. Cuando eres joven no comprendes esto del todo, porque en la búsqueda de aceptación, lo que dicen los demás te afecta. Pero si quieres lograr el propósito de Dios en tu vida, la humildad es tan importante como aprender que lo que otros dicen de ti no es tan importante.‼

Pablo mismo habló acerca de esto. Te invito a que hagas tuyo este versículo cuando sientas que lo que los demás piensen de ti, te afecta:

Gálatas 1:10 TLA:

"Yo no ando buscando que la gente apruebe lo que digo. Ni ando buscando quedar bien con nadie. Si así lo hiciera, ya no sería yo un servidor de Cristo. ¡Para mí, lo importante es que Dios me apruebe!"

Cuando comprendas que lo que realmente importa es lo que Dios tenga que decir de ti, empezarás a vivir una vida plena, porque estarás viviendo para agradarle. Cuando vivimos para agradar a Dios, tomamos total dominio de nuestras vidas, pues sabemos que todo lo que hacemos es para Él y no para nadie más. Es ahí cuando dejamos de compararnos con otros.

Tener dominio propio es el resultado de someternos a Dios, de haber experimentado todas las demás esferas del fruto del Espíritu, y de permitir que Él transforme nuestras vidas.

Para que puedas comenzar a tener control de tu vida, también es necesario que pongas fin a las etiquetas que la sociedad te ha impuesto. Quizá alguien te ha dicho que no sirves, que eres un bueno para nada, que no vales nada, que eres torpe, que eres feo, gordo, muy flaco, barrigón, que estás fuera de forma, etc… Pero, hasta que no comiences a verte como Dios te ve, no vas a poder vivir la vida que Dios ha diseñado para ti.🫁

HASTA QUE NO
COMIENCES
A VERTE COMO
DIOS TE VE,
NO VAS A PODER
VIVIR
LA VIDA QUE DIOS
HA DISEÑADO
PARA TI.

ask

Cuando has aceptado a Jesús como Salvador, Dios te ve con unos nuevos lentes. Ya no te ve a ti, sino que ve a Cristo cubriendo todas tus imperfecciones y errores, y te trata como a Él, pues ya no eres tú, sino Cristo viviendo en ti, haciéndote formar parte de Su cuerpo e iglesia.2

Dios te ve y te ama de la misma forma que a Jesús

SI TODAVÍA NO has comprendido la magnitud del amor de Dios por ti, te invito a leer parte de la oración que hizo Jesús, antes de morir, por sus discípulos y por nosotros, los que hemos creído en Él. Se encuentra en Juan 17:20,23 NTV:

"No te pido solo por estos discípulos, sino también por todos los que creerán en mí por el mensaje de ellos… Yo estoy en ellos, y tú estás en mí. Que gocen de una unidad tan perfecta que el mundo sepa que tú me enviaste y que los amas tanto como me amas a mí." 😍

No sé a tí, pero estos versículos cambiaron por completo mi vida. *Saber que Dios me ama, así como ama a Jesús, es la mejor noticia. La que me ayudó a aceptar que Dios me ve, tal y como ve a Jesús, y no como en realidad soy.* Cuando la sociedad te diga que no sirves, recuérdales quién eres en Cristo Jesús.🙏

Cuando te sometes a Dios y permites que sea Él quien te cambie, podrás disfrutar de una transformación duradera y sin igual, que te ayudará a tomar control de tu vida. Solo así, podrás permanecer en quietud ante las adversidades que encontrarás en tu camino, y solo entonces, podrás reflejar el resultado de haber entregado tu alma al único que puede transformarla y salvarla.

Te acercas al final de esta travesía y solo le pido a Dios que, en alguna de las páginas que has leído hasta aquí, lo hayas podido conocer y sentir.

CUANDO LA
SOCIEDAD
TE DIGA QUE
NO SIRVES,
RECUÉRDALES
QUIEN ERES
CRISTO
JESÚS.

ask

Autoanálisis de la Evidencia 9: #DominioPropio

⁉ Hazte estas preguntas para evaluar si eres una persona con dominio propio:

○ 1. ¿Tus redes sociales dicen de ti, que eres una persona que controla sus impulsos, o una persona que "explota" por cualquier razón _____

○ 2. ¿Permites que la falta de dominio propio afecte tu relación con Dios y tu prójimo? _____

○ 3. ¿Usas la frase "yo soy así" para defender tu falta de dominio propio o permites que el evangelio de Cristo moldee tu carácter? _____

⊘ "Godlist" para Redes Sociales:
¿Dios publicaría, compartiría o le daría like a esto?

"Más vale ser paciente que valiente; más vale dominarse a sí mismo que conquistar ciudades." - Proverbios 16:32 (NVI)

Antes de dar like o share a un post, piensa:
○ ¿Con esta publicación me aseguro de estar en dominio de mis emociones?
Antes de hacer una publicación, evalúa:
○ ¿Con este post, controlo y mido mis palabras para no pecar contra mi prójimo?
Antes de comentar en una publicación, analiza:
○ ¿Lo que voy a escribir refleja el dominio propio de Cristo en mi vida?

⚘ Pasos a seguir para desarrollar dominio propio:

○ 1. Permite que Dios transforme tu vida. 2 Timoteo 1:7
○ 2. Trabaja con tu temperamento y no permitas que otras personas controlen tus emociones. Prov. 16:32
○ 3. Piensa lo que vas a decir cuando estás molesto. Prov. 18:21
○ 4. Escucha con atención a los demás. Santiago 1:19
○ 5. Ignora a quien trata de hacerte daño. Prov. 12:16
○ 6. Cuenta hasta 100 antes de contestar a una ofensa – Prov. 29:11

● Recuerda:

Si te has identificado con alguna parte de este capítulo, si has atravesado o estás atravesando, alguna situación que está desarrollando en ti la #humildad de Dios, compártelo en tus Redes Sociales con las etiquetas:

| #Diosenlasredessociales | #SoyLaEvidencia | #dominiopropio | #dominiopropioDRS |

EVIDENCIA 10

#SALVACIÓN

*"Ustedes han sido **salvados** porque aceptaron el amor de Dios. Ninguno de ustedes se ganó la **salvación**, sino que Dios se la regaló. La **salvación** de ustedes **no es el resultado de sus propios esfuerzos**. Por eso nadie puede sentirse orgulloso".*

Efesios 2:8-9 TLA

SOMOS SALVOS POR GRACIA. Es un regalo inmerecido que solo debes aceptar. No hay nada que puedas hacer para ganarla.[1] Lo bueno que hacemos es solo una consecuencia de haber aceptado al Señor, y de que el Dios bueno que habita **en** nosotros, actúa **a través** de nosotros.👊

Este es mi capítulo favorito del libro. No solo encierra una historia real de cómo Dios salvó la vida de una persona muy especial para mí, a través de las redes sociales, sino que te enseñará que Dios utiliza todos los medios disponibles para llevar su mensaje. Luego de que creamos *ASK*, Dios puso el deseo en mi corazón de crear un grupo de mujeres en Facebook™, para que juntas fuéramos a ver la película de Jennifer López titulada: *Second Act*.🎥

La película trata de una mujer que, a sus 40 años de edad, pierde su empleo y está dispuesta a enseñarle al mundo que, aunque no tiene un título universitario, es inteligente y valiosa.

Nace *Solo para Chicas Soñadoras*

ABRÍ EL GRUPO A FINALES de julio 2018, y me puse la meta de llegar a 1.000 mujeres en el mes de noviembre del mismo año, y así coordinar que todas fuéramos a ver la película, el mismo día, en las diferentes partes del mundo en donde nos encontrábamos. Para mi sorpresa, el grupo creció repentínamente y en menos de 2 meses ya éramos alrededor de 3.000 mujeres.

Hoy en día, somos miles de mujeres de diferentes partes del mundo: España, Japón, Puerto Rico, Estados Unidos, América Central y América del Sur.

Le asigné el nombre de Solo Para Chicas Soñadoras y le di esta descripción:

"Este grupo ha sido creado solo para chicas soñadoras. Chicas que desean lograr sus sueños y metas y están dispuestas a perseverar hasta lograrlas. No hay lugar para chicas que "se quitan" aquí, solo quienes tienen la valentía y el coraje para seguir adelante son bienvenidas. ¿Eres una chica soñadora dispuesta a alcanzar tus sueños y metas con la ayuda de Dios? Adelante ♥.

En esto creemos:

1- Que alcanzaremos los sueños que Dios ha puesto en nuestros corazones con Su ayuda.

2- Que estamos decididas a triunfar.

3- Que estamos decididas a convertirnos en la mejor versión de nosotras mismas.

4- Que hemos decidido apoyarnos unas a las otras.

5- Que hemos decidido no compararnos ni competir unas con otras, porque hemos reconocido que todas somos PODEROSAS, MARAVILLOSAS, ÚNICAS e INCOMPARABLES.

6- Que hemos decidido levantar las manos de las demás cuando sientan que no pueden más.

7- Que hemos decidido no criticarnos entre nosotras mismas y en lugar vamos a aplaudir y celebrar nuestras victorias individuales y colectivas.

8- Que no nos creemos mejores que las demás, sino que vemos en cada una a alguien con un potencial increíble y del cual puedo aprender mucho siempre.

9- Que la palabra imposible no existe y deberían eliminarla del diccionario.

10- Que voy a aportar más que recibir y que voy a añadir valor al menos a una persona diariamente.

¡Ven, únete y sé parte de nosotras y de este movimiento que recién comienza!. Si eres mujer y aún no lo has hecho, puedes unirte hoy."

Como líder empresarial desde mis veintidós años, sabía que yo sola no iba a poder manejar el grupo. Así que pregunté en una publicación quienes querían apoyarme a liderarlo. Se apuntaron varias de las chicas, entre ellas, una hermosa joven llamada Valeria Ruiz. Permíteme contarte cómo llegó Valeria al grupo.☺

Dios en las Redes Sociales

RECUERDO QUE CUANDO, en *ASK Leadership Team*, comenzamos a hacer nuestros adiestramientos gratuitos de liderazgo "online", se inscribían de quince a veinte personas y solo asistían, virtualmente, de una a tres personas.

Lamentablemente, muchas personas relacionan lo que es gratis con algo de "poco valor", entonces se registran y luego dejan pasar la oportunidad.

Para celebrar 🎊 que llegamos a 4.000 likes en nuestro fan page, hicimos un concurso y regalamos una hora de adiestramiento virtual gratis. Ese día se registraron veinte personas, pero solo una se conectó. Les confieso que, al principio, eso le quita la motivación a cualquiera que está comenzando un negocio, pero nos propusimos que daríamos los adiestramientos con el mismo entusiasmo, tanto si eran una como mil personas. Ese día se conectó Valeria, acompañada de sus pequeños hijos, Emmanuel y Yavielis. Había algo especial en ella y para nosotros fue una bendición el saber que, gracias a la tecnología, una joven madre estaba capacitándose, con sus hijos literalmente encima de su falda, en lugar de poner excusas. 😩

Luego de ese primer adiestramiento gratuito, Valeria decidió invertir en ella y compró nuestro adiestramiento de "*Las 15 Leyes Indispensables del Crecimiento*" de *El Equipo de John Maxwell*™.

Poco tiempo después, creamos "Solo para chicas soñadoras", Valeria se unió y luego se ofreció como voluntaria para ser moderadora del grupo. Yo había estado orando al Señor para que quienes se ofrecieran a liderar el grupo fueran cristianas, aunque no rechazaría el apoyo de alguna que no lo fuese.

Yo no sabía si Valeria era cristiana y convoqué a una reunión virtual con todas las voluntarias. Ninguna tenía idea de lo que sucedería en aquella primera reunión. En aquel momento, todas las que eran moderadoras pasaron a ser Administradoras del grupo, pero lo mejor es que, ese día, al final de la reunión, Valeria dio un paso de fe frente a todas las demás chicas presentes.

Justo antes de terminar, les pregunté si tenían dudas o preguntas y cada una fue exponiendo sus inquietudes. En el turno de Valeria, eliminó el silencio de su computadora y sus palabras me dejaron impresionada: "No tengo preguntas, pero si algo que decir. Desde que estoy tomando tus adiestramientos siento un deseo bien grande de acercarme más a Dios. No sé qué es pero tienes algo especial. Las acabo de escuchar hablando del llamado de Dios y de otras cosas que experimentan y yo quiero sentir eso mismo que ustedes sienten. Necesito más de Dios. Quiero acercarme más a Él". 😭

Luego de eso, pasé a explicarle a Valeria que lo único que debía hacer para aceptar al Señor como Salvador, era arrepentirse de todo corazón de sus pecados y aceptar el regalo de la Salvación. También le dejé saber que si deseaba hacerlo en privado, podía hacerlo. Volvió a eliminar el silencio de su computadora y delante de nosotras dijo: "*Sí, deseo aceptar a Jesús como mi Salvador, lo necesito*". Comencé a llorar inconsolable, pero de alegría, le pedí a Frances M. Torres que orara por ella, porque en realidad yo no podía parar de llorar. Ese día, Valeria pasó de las tinieblas a la luz, para la gloria de Dios.

No sé cómo lo hizo Dios, lo que sí sé es que pude haber cancelado aquel adiestramiento, porque solo una persona se había conectado. Pude haberle dicho a Valeria que se conectara a otro adiestramiento que tendríamos pronto. Pude haber hecho tantas cosas, pero decidí dar aquel adiestramiento con una persona y no me arrepiento en lo absoluto.

Hoy Valeria es otra persona. Está viviendo sus sueños y comenzando a emprender su negocio, como resultado de no habernos rendido. Me pregunto, ¿qué sería de Valeria si hubiésemos decidido cancelar aquel adiestramiento por "falta de quorum"?

Hoy más que nunca valoro los pequeños comienzos. Lo que para ti es poco, para nosotros quizás es mucho y vice versa. Jamás subestimes a alguien o a algún negocio por los "pocos" likes, followers, fans en sus redes sociales o por la cantidad de personas que convoca a un evento.

Hemos aprendido que para ser grandes no hace   falta cantidad sino calidad; hace falta integridad y humildad, por encima de cualquier cosa.

Hoy en día, gracias a todos los esfuerzos realizados por ASK Leadership Team y los movimientos que hemos creado, más de 50 personas han aceptado al Señor como Salvador desde marzo de 2018. La mayoría de ellos, a través de las redes sociales. #Éleselgrande

Tengo el honor inmerecido de ser la fundadora del movimiento y ministerio virtual "Solo para Chicas Soñadoras", para llevar esperanza y el mensaje del Señor a mujeres que desean hacer sus sueños realidad. Queremos llevarles el mensaje de que, si sus sueños están alineados con el propósito de Dios para sus vidas y lo ponen en las manos de Dios, lo pueden lograr conforme a Su voluntad.

Hoy es un buen día para que comiences a experimentar la verdadera felicidad que Dios da, a pesar de las circunstancias que puedas estar viviendo. Te invito a que, si no lo has hecho, le abras tu corazón a Jesús y lo aceptes como tu único Salvador, pues es la única forma de poder vivir una vida en libertad, libre de ataduras, y de darle la espalda al pecado para comenzar una nueva vida que apunte hacia la eternidad.

Si deseas aceptar al Señor Jesús como Salvador, me encantaría orar por ti y celebrar tu llegada al reino de Dios. Escríbeme un mensaje a: diosenlasredessociales@gmail.com

#SOYLAEVIDENCIA

ASÍ COMO DIOS ME ENCONTRÓ a mí, a Valeria y a todas las demás personas que le han aceptado como Salvador, a través de las redes sociales, también puede encontrar a muchas otras personas si usamos correctamente nuestras redes.👊

#SoylaEvidencia de que Dios es real, también Valeria lo es. Y mejor aún, ahora podemos compartir el mensaje del Evangelio a través de nuestras redes sociales para que juntos #seamoslaevidencia de un Dios lleno de amor, gracia y misericordia.👊🙌

Si las estadísticas que mencioné al principio del libro continúan su curso, estaríamos acercándonos aceleradamente al fin de los tiempos en los próximos años. Dios está en el internet y en las redes sociales acelerando, a través de ellas, la Gran Comisión. Recuerda: Dios no tiene redes sociales, pero nos tiene a nosotros para llevar Su mensaje de Salvación al mundo.

Está en ti que, de hoy en adelante, elijas ser puente de bendición, para que, juntos, podamos aportar a que más vidas pasen de las tinieblas a la luz, antes de que llegue el final del que tantos se han burlado.

No quiero que llegue el fin, pero creo que Dios siempre cumple lo que promete. Creo que nos queda mucho por hacer, pero con tu ayuda podemos llegar a más personas. Creo que los libros no se prestan y siendo autora, sería contradictorio que te pida que lo hagas. Pero te diré algo que me parece fascinante: mi enfoque al escribir este libro nunca fue el dinero. Mi enfoque desde el primer día ha sido el amor.💜 Así que por   favor te pido, que si no tienes dinero para comprarle una copia a un amigo, le prestes esta. Pero asegúrate de darle fecha límite, no vaya a ser que nunca te lo devuelva😊.

Por otro lado, si quieres invertir en regalos 🎁 que cambian vidas, te recomiendo que compres varias copias y las regales a tus amigos. Por cada copia comprada, no solo los bendices a ellos, sino que estarás bendiciendo a jóvenes que viven en pobreza en mi amado Puerto Rico para la gloria de Dios.

Si decidiste creer en Jesús hoy, **¡bienvenido a la familia de Dios!** 🙌 Ahora estás listo para comenzar una relación con Dios y compartirlo con los demás, en todas las esferas de tu vida. Te invito a compartir tu nueva vida, también en tus redes sociales, subiendo una foto con la etiqueta #soylaevidenciadeDRS y #Diosenlasredessociales

Estos serán los hashtags que utilizaré para contactar y darle seguimiento a quienes acepten a Jesús como su Salvador luego de leer este libro📖. Me encantará leer sus historias y compartir palabras con ustedes.

Puedes encontrarme en todas las redes sociales:

Instagram™: @sarinette_caraballo

Facebook™: Sarinette Caraballo Pacheco, y en *ASK Leadership Team*.

También puedes seguir los eventos y actividades relacionadas con el libro, en todas las redes sociales, en www.diosenlasredessociales.com y con estos hashtags #Diosenlasredessociales #soylaevidencia #DRSsoylaevidencia

Mi amado esposo también ha empezado un movimiento para llevar el evangelio de Jesús, adaptado a nuestra actualidad. Su estilo es urbano y me siento muy orgullosa de ver cómo comparte la Palabra del Señor con pasión para llegar a los marginados e indefensos, tal y como lo hacía Jesús. Carlos ha sido mi más grande apoyo mientras escribo este libro. Su sabiduría a pesar de su corta edad, es la que me ha guiado por este caminar tan hermoso de servir a Cristo. Es mi esposo, maestro y guía. Vivo orgullosa de él. #Éleselgrande

Puedes encontrarlo en las redes sociales, especialmente en YouTube™ como "La Teología de la Calle", con los hashtags #EvangeliodeTodos y #LaTeologíadelaCalle o en www.lateologiadelacalle.com

Una de las cosas que quería hacer con el libro desde que Dios lo puso en mi corazón, era hacer un lanzamiento diferente. Así que, junto con el libro hemos lanzado una marca de nuestra empresa *ASK*, llamada "*Unrecognized Brand*". Los primeros artículos disponibles, al momento del lanzamiento, son unos aretes en forma de arroba y hashtag que hacen juego con el libro, para luego sumar muchos artículos con valor y significado, con un diseño moderno y original.

Por si te lo estás preguntando, te explico el significado de la marca: Basada en Juan 1:10, "*Unrecognized Brand*" es una marca para toda persona que ha sentido el rechazo de la sociedad o hasta de la misma iglesia.

Puede que en algún momento te hayan juzgado, o te hayan dicho que no eres hijo de Dios por tu apariencia o la forma en la que vistes. Quizá algunos no te reconocen como hijo de Dios porque, según ellos, cometiste un pecado "imperdonable", o porque no sigues sus dogmas, costumbres o tradiciones humanas. "*Unrecognized Brand*" es una marca y un movimiento creado para levantar la voz de los marginados. Jesús mismo fue rechazado y no reconocido por su propio pueblo. Pero qué lindo es saber que todos los que hemos creído en Jesús, se nos dio el derecho a ser llamados hijos de Dios.

"*Unrecognized*" dice por ti: Tu no me reconoces como hijo de Dios por mi apariencia o por lo que, según tú, estoy haciendo mal, pero he aceptado a Jesús como mi Salvador, he sido perdonado, Él me da el derecho de ser reconocido como hijo de Dios y eso es más que suficiente.

Encuentra el significado completo de "*Unrecognized*" en www.unrecognizedbrand.com y en Juan 1:10-12 NTV:

"Vino al mismo mundo que él había creado, pero el mundo no lo reconoció. Vino a los de su propio pueblo, y hasta ellos lo rechazaron; pero a todos los que creyeron en él y lo recibieron, les dio el derecho de llegar a ser hijos de Dios".

Autoanálisis de la Evidencia 10: #Salvación

A diferencia de las evaluaciones anteriores, en esta sección solo hay dos preguntas !?que quiero que te hagas:

○ ¿Estoy seguro de mi salvación? _____

○ ¿Tengo la certeza de que si hoy dejo esta tierra, me encontraré con Dios en el cielo? _____

Si la respuesta es **SI**, sigue adelante siendo canal de salvación para otros y continúa con el **"Godlist"**. Pero si por el contrario, tu respuesta es **NO** o no sabes qué responder, por favor ve a los Pasos para encontrar Salvación, que tienes en la parte de abajo

✓ **"Godlist" para Salvación:**
¿Dios publicaría, compartiría o le daría like a esto?

"De hecho, en ningún otro hay salvación, porque no hay bajo el cielo otro nombre dado a los hombres mediante el cual podamos ser salvos." - Hechos 4:12 (NVI)

Antes de dar like o share a un post, piensa:

○ ¿Contribuye esto a la salvación de personas que no conocen a Cristo? Antes de hacer una publicación, evalúa:

○ ¿Lo que voy a publicar puede ser de salvación para los demás?

○ ¿Me aseguro de abrir una puerta para que otros puedan ver a Cristo a través de mí y ser salvos? Antes de comentar en una publicación, analiza: ¿Lo que voy a escribir

○ puede resultar en salvación o condenación para mi prójimo?

Pasos a seguir para encontrar salvación:

○ 1. Reconoce a Dios como el creador de todo. - Apocalipsis 4:11

○ 2. Acepta que eres pecador y que el resultado del pecado es la muerte y separación de Dios para siempre. Por eso Cristo murió por nosotros. – Romanos 3:23; Romanos 6:23; Romanos 5:8

○ 3. Arrepiéntete de corazón y cree en Jesús – Romanos 10:13; Hechos 2:38

○ 4. Acepta el regalo de la salvación y da gracias a Dios.
Si no sabes cómo orar y entregarle tu vida al Señor, te comparto una corta oración que puedes leer en voz alta: "Padre amado, he pecado contra ti y eso me separaba de ti. Me arrepiento de todo corazón y deseo apartarme de mi pasado para dirigir mi vida hacia ti. Perdóname y ayúdame a mantenerme fiel a ti. Creo en tu Hijo Jesús quien murió y resucitó de entre los muertos, para volver a darme una esperanza de vida eterna. Deseo que Jesús se convierta en mi único Salvador, de hoy en adelante. En el nombre de **Jesús**. Amén".

AGRADECIMIENTOS

PARA QUE EL SUEÑO de publicar un libro se haga realidad, muchas personas tuvieron que estar dispuestas a soñar junto a mí. Así que este libro no es mío, sino de todos aquellos que, de una forma u otra, influenciaron para que se concretara.

Agradezco a todas las líderes del ministerio virtual *Solo Para Chicas Soñadoras*. Jamás pensé que un grupo en Facebook™ trajera tanta bendición a mi vida. Ver cómo nos apoyamos para ayudar a otras mujeres a que encuentren a Jesús, es una bendición inmerecida. Daly, Digna, Dimarie, Doris, Esmeralda, Frances Torres, Frances Rivera, Jonelle, Mayleen, Neysa, Sandra, Sherry, Valeria, Verónica, Yaribel, Zoraida y todas las demás que han sido parte: Gracias por empujarme a ser mejor. ¡Las amo!♥

Llegar a Arkansas sin familia fue un reto. Gracias a estas personas por apoyarme y estar presentes en cada momento de esta transición: Damaris, Juan A., Kathy, Ángel, Hilda, Mamá Hilda, Leo, Claudia, Pablo, Milan, Scott, Natasha y Esmeralda. Llegar a Arkansas sin nadie a quien molestar, acudir, visitar o pasar días de fiesta iba a ser espantoso. Dios nos ama tanto, que hasta de esos detalles cuidó al enviarnos a vivir acá. No es casualidad que vivamos tan cerca. Su apoyo ha sido esencial. Somos familia.♥

Gisella Herazo, gracias por el tiempo dedicado a este, nuestro primer libro. Sin tu apoyo y ayuda, *Dios en las Redes Sociales*, no hubiese podido ser publicado. Gracias por la excelente edición que has realizado. Marcos López-Ayala, gracias por tanto; sin ti esta publicación no existiría.

Sarydeliz, hija amada♥, gracias por editar tan bien los emojis del libro y ayudarme en la revisión final. ¡Lucen maravillosos! Krysiarys, hija amada, gracias por siempre apoyarme y acompañarme a la sesión de♥ fotos para la cubierta del libro. A mi amado esposo Carlos, gracias por desvelarte conmigo y hacer de mis días de escritura unos tan asombrosos. Gracias por soñar junto a mí. 😎

Por último, pero no menos importante. Quiero agradecer a mis lectores, a ti que ahora sostienes esta publicación en tus manos, y a cada una de estas personas que han formado parte especial de esta publicación. Síguelos en Instagram™:

Antonio Florido @ananmedia

Casa Febus @casafebus 🌲

Emeline Díaz @enileme_stylesbye 💁

Euselandia Alcántara @erasmarketing

Frances Ramirez @doccasion.boutique 👖

Frances Rivera @frances_riveraphotographs 📷

Gisella Herazo @agenciaarteyexpresion ✍

Janice Rodríguez @palabrasdeguerrera

José Luis Navajo @joseluisnavajo ✍

Lisandra Wallis @wa_beautique 💍

Luis Martínez @expansionnwark

Marcos López @delimarmagazine 🎨

María de la Cruz @mdconexiones

Dr. Juan González | Dirección Web: http://seminario-ministerial.org/

ACERCA DEL AUTOR

Sarinette Caraballo Pacheco es Puertorriqueña, nacida en Fajardo. Miembro certificado de *El Equipo de John Maxwell*™. Fundadora y CEO de *ASK Leadership Team LLC* y del ministerio *Solo Para Chicas Soñadoras*. Colabora, junto a su esposo Carlos, en el ministerio virtual *La Teología de la Calle*, liderado por él.

Es ministro ordenado en los Estados Unidos y cursa, virtualmente, estudios teológicos, con mención en Consejería Bíblica y Terapia Familiar, en el *Seminario Internacional Ministerial*.

Conferencista y Comunicadora Internacional. Experta en liderazgo y ventas, con más de 14 años de experiencia, en donde ha manejado estados financieros de empresas multinacionales, valorados en alrededor de $287 millones de dólares. De ahí surge su interés en apoyar a otras empresas a mejorar su liderazgo, ventas y ganancias en su academia virtual http://askleadershipacademy.com. Comunicadora en Segmento de Radio *Lidera y Emprende* del Programa "En Familia con Carlos Manuelle" transmitido en diferentes estaciones radiales en Puerto Rico y Estados Unidos. Escribe para la revista digital *Hispanos Media* una columna de inspiración. Sarinette y su esposo Carlos, viven con su hija menor Sarydeliz en Bentonville, Arkansas. Su hija mayor se llama Krysiarys Joan.

NOTAS

INTRODUCCIÓN #SoylaEvidencia

1. Sociedades Bíblicas Unidas, "Acceso mundial a las Escrituras", www.unitedbiblesocieties.org/es/acceso-mundial-a-las-escrituras/
2. Statista, www.statista.com
3. Statista, "Number of internet users worldwide from 2005 to 2018 (in millions)", www.statista.com/statistics/273018/number-of-internet-users-worldwide/
4. Éxodo 20:1-7 RV-60, Deut. 5:1-21 RV-60
5. Cuadernos Judaicos, "Los 613 MITZVOT", http://cuadernosjudaicos.cl/los-613-mitzvot/ y Mitzvot: 613, www.sefarad-asturias.org/PDF/Mitzvot.pdf
6. Levíticos 19:19 DHH
7. The Free Dictionary, "inmunda", https://es.thefreedictionary.com/inmunda
8. Levíticos 15:19-33 TLA
9. Levíticos 15:16-17 RV-60
10. Levíticos 21:5 TLA
11. 1 Corintios 6:12 TLA

EVIDENCIA 1. #AMOR

1. 1 Corintios 13:5 NTV
2. 1 Corintios 6:12 TLA
3. Eclesiastés 3:11 TLA, Hechos 17:24 TLA
4. Romanos 3:23 RV-60
5. Santiago 2:14-16 NTV
6. Efesios 2:8 RV-60
7. 1 Corintios 13:7 NTV
8. 1 Corintios 7:15NTV

EVIDENCIA 2. #ALEGRÍA

1. Romanos 5:12 NTV, 1 Tesalonisenses 5:16 NTV
2. BIBL. - K. BERGER, zapa, en: H. BALZ - G. SCHNEIDER, Diccionario Exegético del Nuevo Testamento, vol. II, 2041-2046; IDEM, xalpo en: H. BALZ - G. SCHNEIDER, 2034-2037; G. FERRARO, La Gioia di Cristo, Roma 2000.
3. Jeremías 31:3 RV-60

EVIDENCIA 3. #PAZ
1.   Romanos 5: 1-2 TLA
2.   Diccionario Actual, "¿Qué es justicia?", https://diccionarioactual.com/justicia/
3.   1 Juan 2:1 RV-60, Isaías 53:5 RV-60
4.   Juan 3:17-18 TLA

EVIDENCIA 4. #PACIENCIA
1.   Romanos 8:28 RV-60
2.   Real Academia Española, "paciencia", https://dle.rae.es/?id=RPieLar
3.   Concordancia *Strong*, "dokimé", https://bibliaparalela.com/greek/1382.htm

EVIDENCIA 5. #GENTILEZA
1.   DefiniciónABC, "Definición de Gentileza", www.definicionabc.com/social/gentileza.php

EVIDENCIA 6. #BONDAD
1.   Hechos 3:19 NVI
2.   Mateo 3:8 NVI
3.   Gálatas 5:22 TLA
4.   Santiago 3:5-6 TLA

EVIDENCIA 7. #FE
1.   José Luis Navajo, El Contador de Historias, p. 16.
2.   2 Corintios 1:21-23 NTV

EVIDENCIA 8. #HUMILDAD
1.   Filipenses 2:3 DHH
2.   Mateo 5:5 TLA
3.   Romanos 8:35-39 RV-60

EVIDENCIA 9. #DOMINIOPROPIO
1.   Proverbios 14:17 NTV
2.   1 Corintios 12:27 NTV, 1 Corintios 15:22 NTV, 2 Corintios 5:17 NTV, Romanos 8:1 NTV, Gálatas 3:27 NTV

EVIDENCIA 10. #SALVACIÓN
1.   Efesios 2:8-9 NTV

MIS NOTAS
#Diosenlasredessociales

MIS NOTAS
#Diosenlasredessociales

MIS NOTAS
#Diosenlasredessociales